WENXUE BIAODA YU XINWEN CHUANBO LUNWENJI

文学表达与新闻传播论文集

张　聪　许抄珍　主编

知识产权出版社
全国百佳图书出版单位
—北京—

图书在版编目（CIP）数据

文学表达与新闻传播论文集 / 张聪，许抄珍主编 . — 北京：知识产权出版社，2022.10

ISBN 978-7-5130-8307-2

Ⅰ . ①文… Ⅱ . ①张…②许… Ⅲ . ①新闻学—传播学—文集 Ⅳ . ① G210-53

中国版本图书馆 CIP 数据核字（2022）第 155672 号

内容提要

以互联网、数字化和大数据为基础的传播技术革命为新闻传播学研究带来了新的机遇。如何发展适用于当下发展的传播学理论及研究方法，使日益丰富的数据和科技为新闻传播学研究者提供帮助，已经成为当下传播学研究的重要内容。本书包括四个专题，分别为文学表达与数字叙事、国家形象与城市传播、科学传播与数字化转型、情感表达与媒体消费。

本书可为传播学、新闻学专业的研究者和从业者提供参考。

责任编辑：刘晓庆　　**责任印制**：孙婷婷

文学表达与新闻传播论文集

WENXUE BIAODA YU XINWEN CHUANBO LUNWENJI

张　聪　许抄珍　主编

出版发行：知识产权出版社有限责任公司　**网址**：http：//www. ipph. cn
　　http：//www. laichushu. com
电话：010-82004826
社址：北京市海淀区气象路 50 号院　**邮编**：100081
责编电话：010-82000860 转 8363　**责编邮箱**：laichushu@cnipr. com
发行电话：010-82000860 转 8101　**发行传真**：010-82000893
印刷：北京中献拓方科技发展有限公司　**经销**：新华书店、各大网上书店及相关专业书店
开本：787mm × 1092mm　1/16　**印张**：16.25
版次：2022 年 10 月第 1 版　**印次**：2022 年 10 月第 1 次印刷
字数：220 千字　**定价**：88.00 元

ISBN 978-7-5130-8307-2

编委会

主　编　张　聪　许抄珍

副主编　李苏泽宇　张子依　马雨涵

冯　璐　杨芜萌

前　言

以互联网、数字化和大数据为基础的传播技术革命为新闻传播学研究带来了新的机遇。一方面，这些技术的出现使新闻传播学的研究取得了突破性的进展，同时也为新闻传播学研究者带来了理论和方法的挑战；另一方面，各种新媒体的层出不穷反映着中国乃至全球的社会变迁，也同时被所处的环境影响着。在这个背景下，如何发展适用于当下发展的传播学理论及研究方法，使日益丰富的数据和科技为新闻传播学研究者提供帮助，已经成为当下传播学研究的重要话题。此外，各类的新媒体如何受到中国社会变迁的影响并反过来作用于中国社会，也是研究者应该关注的重点。

本书包括四个专题，分别为文学表达与数字叙事、国家形象与城市传播、科学传播与数字化转型、情感表达与媒体消费。文学表达与新闻传播以往很少被联系起来，很高兴看到有作者关注到用电影声音书写与人类命运共同体的关系；国家与城市，以大见小、以小见大。不论是“进口博览会”“奥运”等展现的国家形象，还是“包头”“理塘”等中小城市传播，都是值得我们思考的问题。科学传播是近年来的流行话题，新型冠状病毒肺炎疫情下人们对于科学技术越来越重视。但是科学往往离普罗大众的生活较远，所以我们将科学技术与数字化结合起来，希望为科技传播提供新的思路；心理学是新闻传播的好朋友，心理学诸多理论往往作为新闻传播论文中常用的研究视角。因此，本书不仅从传统出版而且从游戏、社交软件出发，探究用户的消费行为、消费心理等。

由于时间仓促，加之篇幅有限，还有许多老师的优秀论文未被收入其中，是为憾！

目录

CONTENTS

第一篇　文学表达与数字叙事

第二篇　国家形象与城市传播

第三篇　科学传播与数字化转型

第四篇　情感表达与媒体消费

第一篇

文学表达与数字叙事

声音书写如何塑造人类命运共同体
——基于科幻电影中的声音书写研究

余苗　卢婧仪（暨南大学）

【摘要】电影是视听结合的第七艺术，由声音和影像组合叙事。电影从无声到有声，从单一声到多元声，由单声到立体声、杜比全景声（Dolby Atmos）的介入，其音景建构日益多元化，听觉为视觉叙事赋予越来越大的增值作用。科幻电影是科学与幻想的结合，为了符合影片主题与调性，在偌大的银幕上创造怪影丛生、色彩斑斓、声波诡谲的全新世界，电影在声音文本上需要精心设计，给观众呈现独特的听觉盛宴和艺术体验。用声音创造被感知的世界，为影片叙事、添色的过程也是书写的过程。

【关键词】声音书写；声音美学；电影声音创作；电影叙事；形象建构

科幻电影往往主题宏大，超出了现有的国家边界、民族边界和宗教边界，是对人类未来命运的思考。美国科幻文艺家赫伯特·W. 弗兰克曾给科幻电影下过这样一个定义："科幻电影所描写的是发生在一个虚构但原则上是可能产生的、模式世界中的戏剧性事件。[1]" 进一步解释，即科幻电影作为一种叙事文艺，当然离不开虚构，但它虚构的故事情节、人物等根据自然科学或社会科学的原则来看，大体是可能产生的，而不是同已被揭示或尚待揭示的自然规律或社会发展规律相背离的[2]。本文围绕科幻电影的声音书写研究，发现声音书写可以对国际权力观、共同利益观、可持续发展观和全球治理观进行勾连，有效塑造人类命运共同体。

一、何为“声音书写”

声音书写是针对场景创造匹配的声音，通过声音元素创造一个被感知的世界，并以此全面调动观众的情绪与情感，最终与观众的内心情感实现观念共鸣。

读图时代，图像和声音语言的区别在于语言需要图像的辅助。从象征的角度进行比较，语言可以象征，图像也可以象征。但是语言是通过“说”来实现象征，而图像是通过“看”来实现象征，因而语言的语义象征方式不能适用图像。图像的最大好处是它具有现实的联系，而这种联系是通过相似（结构）和指示（领接、因果）而实现的。声音和图像不同，图像最大的问题就是目光的私人性，因为目光是一种冷静而孤立的感觉，它不像声音那样具有弥散性和穿透力。简单来说，声音能让一群人都同时听得到，并且他们无法关闭自己的耳朵。相反，图像则不具有语言这样的弥散性和穿透力，观者彼此之间的观看是分离的，是各看各的，而且很容易离开画面。因此，声音书写是可以单独存在的，而图像书写却不能离开声音。通过图像能够将“不可见的”以“可见”的方式让生者与死者进行沟通。也就是说，它是通过以图像作为媒介而进行的沟通，由此图像就获得了表意的特质而不再仅仅是一种“物”，即获得了符号的两个部分：能指和所指。不过，这种符号意义的获得是建立在群体上的，而不是个人上的。

国外对于声音书写的研究，多是对噪音、声音、音乐三者的考察和研究，以及对其相关科技的生产和消费的探索，是一个学科交叉、整合的前沿领域[3]。电影中的声音书写可总结为“模仿真实的事物；添加和创造银幕外的不一定真实存在的事物；帮助导演创造一种情绪”[4]。乔治·卢卡斯曾说：“声音占电影体验的50%，我一直相信观众们在我的电影中所听到的感动和兴奋，至少和他们看到的一样多。”观众之所以能从声音中“看”到不同的内容、感受到不同的情绪，得益于创作者对声音在符号性、情感性和象征性上的内涵赋予。

因此，科幻电影有助于把握科幻语境下的中国人、中国物、中国事，进而为建设人类命运共同体做出贡献[5]。

二、科幻电影声音书写的观念塑造：声音赋予的增值

科幻电影的主题表意不仅体现在视觉叙事上，更表现在听觉元素本身蕴含的独立的、富有表现力的表意元素的组合叙事上。因此，将科幻电影的声音文本从视听系统中抽离，讨论声音的表意能力是有必要的。电影中的声音文本由人声（台词）、环境音等多种声音信息单位构成并以一个完整体系出现，作为“场”信息结构的子系统与其他子系统彼此关联，共同受制于整体存在状态和价值体系的规范[6]。同时，由于人类的认知本能对视觉图像具有先天的依赖性，视觉是人接触和获取信息最直接、最天然、最本能的来源，而声音是人类最古老的交流方式与传播媒介，是电影“场”信息结构中不可或缺的“在场者”，对“场”内空间的信息起到了拓展和增值的作用，能够唤起观众脑海中对影片营造的幻觉形象，积累构建可体验的、可理解的科幻叙事时空，以达到视觉没有的深度，从而实现观念的塑造。

（一）国际权力观

随着电影声音技术的发展，多元声、立体声介入科幻电影，增强了银幕空间的创造手段和声音文本的表意能力。把接近现实世界的存在在电影中呈现出来，给观众真实的心理临场感并赋予空间权利。

《流浪地球》开篇，刘启和一哥借防护服被围堵的场景：刘启在逃跑的过程中，影片为了营造紧张的气氛，运用了节奏点强的鼓点。这时画面转到舞狮的镜头上，再配上鼓、钹、锣的器乐声。这些都是中国独有的民间艺术，将其穿插到科幻电影中，形成了中华民族特色的声音符号。

又如《流浪地球》的地下城，一大帮人在打麻将、舞狮、玩游戏，人物采用方言对话展现出浓厚的地域特色。在刘启和一哥借宇航服的部分，一哥是做地下生意的，说话语气体现出比较粗犷的感觉，声音音调低沉，随同的小弟说话语气带有强势的大哥气势。

当刘启和朵朵因为私自动用运载车被关起来，爷爷去赎两人的时候，结合监狱的画面，搭配爷爷手机里播放的《海草海草》背景音乐（BGM），让原本应该压抑的场景变得幽默。同时，歌曲是时下网红曲，能够进一步拉近观众与角色的心理距离。

（二）共同利益观

科幻电影的叙事推动，最主要的元素在于人声文本。人声文本是整部影片的声音主基调，体现为人物的台词，由音量、音调和音色等感性材料共同组合形成的语言形态。人声文本可以提示观众发声个体的个性、状态和情绪等信息，继而在视觉元素的协同叙事下完成对人物所处境况的完全认知。人声文本在表层叙述故事进展的同时，也交融着主角在特定环境下的精神特质，如反省、纠结、焦虑、精神和情感的升华等。

《流浪地球》中刘培强对儿子说的话，还有关于“家是什么”的回答，都是以内心独白的方式来呈现的。《星际探索》影片中罗伊的独白有两种：一方面是做心理评估时自身情况陈述上报，另一方面是罗伊在日常的工作中、日常状态下的独白。电影采用大量内心独白，突出主角地位，在陈述（罗伊）和聆听（观众）中感悟角色内心世界的矛盾、纠结、真诚和反省。为了争夺资源，袭击其他月球车；为了逃跑，人们导致巨涌席卷整个太阳系；为了息事宁人，人们企图炸掉里面还有活人的飞船；为了找到外星生命，不惜杀死想要返回地球的同事。科技高度发达的年代，人类仍然没有失去自私的天性。人类永远在伤害同类，并没有吸取教训。

旁白属于画外音，原是戏剧用语，在电影中并不多见。这是影片角色之外的人物在讲话，存在画面外，以局外人的身份对故事背景进行解释叙述。同样，《流浪地球》的开头以旁白的方式介绍地球发生的灾难，并解释为什么出现影片的主要场景“地下城”，为主角刘启后面的行动拯救人类共同的地球作铺垫。结尾同样运用旁白、搭配画面，对整个故事的结局、人物最终命运走向做了总结：在全人类的合作中，大家带着地球逃离太阳系，寻找新家园。影片在传统文化语境下，诠释出我国特有的家园意识。

（三）可持续发展观

近几十年来，随着世界各国城市化、工业化发展，全球气候变暖、植被保护、自然灾难等成为各国激烈讨论的议题。末日灾难、自然类题材的科幻电影由此不断涌现。影片发挥无限想象，展现自然灾难到来人们的恐慌。虽然人类为了能源不顾一切争夺，但最终的目的是借此呼吁警醒人们经济可持续、环境可持续发展的重要性。《阿凡达》《后天》《极地寒流》《流浪地球》《雪国列车》《未来水世界》《2012》等影片都反映出人类对环境的破坏所带来的最终后果。

在电影中，声音和影像的并存为故事的讲述起到了视听生成的效果，即由声音和影像的联合而产生的效果，以及通常凭借增值功效产生的、投射到影像上的效果，为电影的意义、气氛、内容起到渲染或说明的作用[7]。

电影《阿凡达》除了有经典的视效体验，还有其主题内核的表达，其中一方面就是生态保护。《阿凡达》通过声音、画面的匹配，给观众带来更深层次的反思和美学体验，也提升了电影的思想内涵。《阿凡达》中除了拥有个人主义的烙印外，还宣扬了生态主义理念。自然主义生态侧重对自然环境的保护，社会主义生态侧重在保护自然环境的基础上对生态环境追求、崇敬乃至敬畏的思想[8]。

《阿凡达》的主旨是，在被人类开发殆尽、走向灭亡的地球上，人们为了寻找生存可能发现了潘多拉星球的存在。星球上有丰富的矿元素，如果开发获取将改变人类的能源产业。在影片中有两个世界：一个是劣迹斑斑的地球，另一个是美丽神秘的潘多拉星球。下文通过不同的声音，分析出他们对自然的态度上的区别。

在人类科学实验室，当博士和主管说了“灵魂树和纳威人远比矿石更有研究价值”，主管则以戏谑口吻嘲笑他。上校在听了主角对星球的描述后也决定用暴力赶走星球的人。潘多拉星球上有飞龙鸣叫声、一泻千里的流水瀑布声、风吹树叶的飒飒声、纳威族人在生命树下虔诚祈祷的念咒声和夜间不同神兽的叫声。在地球人来到之后，出现的是直升机的破风声、树木被砍倒的声音、鸟兽逃跑的悲嗥声、炮弹引燃森林的火焰声。人类到来后，在这个曾经美丽的星球上，好像所有物种都在“流泪”。

机械重武器与森林自然的声效形成鲜明对比，带来的不仅是视觉上的震撼，还有听觉上的触动。轰炸与悲鸣的交叠，让人们感受到人类的自私、贪婪和残暴，并在潜意识中思考对自然的敬畏，以及人与自然和谐相处、可持续发展的重要性。

又如，经典灾难科幻电影《后天》，故事发生灾难的场景不是一个国家，而是整个北半球，关乎人类的共同命运。

开头的音乐低沉恢宏，对应的镜头是南极的冰与海。随后，视觉画面上升出现日出，音乐节奏变得轻快。但与轻快音乐形成对比的是周围的寒风呼啸、美国国旗被大风吹得呼呼作响，以此喻示着冰雪风暴的来临和意想不到的人类命运的转变。

温室效应造成全球气候变暖的设定，贴合当下现实。逼真的听觉、视觉特效，更加赋予了观众真实的感官体验。

影片中为了体现寒冷与绝望，将所有和冰、雪相关的声音放大。片中日本东京、美国好莱坞和洛杉矶等地出现以下场景：石头大的冰雹炸碎玻璃、汹涌的海水侵袭陆地，以及飞行员与信号台的对话、电台广播的气象播报、无人回应的手机、如狂虎般呼啸的龙卷风、建筑物被逐渐冰冻，还有被吹飞的汽车迎着画面“咻”地飞速擦过、记者仍然冒着恶劣的天气站在马路中央做现场报道、不同的人发出“发生什么了”的呼喊……电影中声音取之现实，多重组合之后又仿佛是熟悉的陌生人，构造出全新的环境。声音与画面的缝合，让观众即使闭上眼睛仅仅听音效和台词，就能感受到大自然的怒火与咆哮。这预示着冰封末日即将来临，也让我们不禁思考，全球变暖似乎离我们很遥远，其实很近，明天过后是毁灭还是重生不得而知。人类的未来是什么，这取决于人类本身。

正如克拉考尔曾指出：“一般来说，耳熟的声音总会在内心唤起声源的形象，以及通常是跟那种声音有关联的或至少在听者的记忆中与之有关系的各种活动的形象、行为的方式等。[9]”因此，科幻电影在视觉效果的基础上，赋予丰富的声音感知，能让观众在心理定向和情绪记忆的共同作用下获得真实而细腻的情感体验。

（四）全球治理观

全球治理观的核心观点是，由于全球化导致国际行为主体多元化，全球性问题的解决成为一个由政府、政府间组织、非政府组织、跨国公司等共同参与和互动的过程。这一过程的重要途径是强化国际规范和国际机制，以形成一个具有机制约束力和道德规范力的、能够解决全球问题的“全球机制”。

电影是一种人声中心的或更精确地说是词语中心的奇观。人声被给予了特权，能从其他类型的声音中被突出和分隔开。因此，语言文本正是表达电影故事内核的主要支撑[10]，在较高的意识层面上产生作用，影响着叙事。

在《星球大战：幽灵的威胁》中，设定是在银河系，但不是我们地球所在的银河系，故事发生在地球之外，里面的主角是人类，但不是“地球人”，他们的科技水平也比我们高很多。《星球大战》世界中的政治形态和地球相似：有许多星球的银河共和国采用民主议会制管理，有联合国，还有贸易联盟。影片中故事线大致分为两条：一条是主角间的爱恨情仇，另一条是国家间的政治权力争夺。在《星球大战 2：帝国反击战》中，独裁者西迪厄斯上尉说“我将批准为共和国建立一支强大的军队，以应对分裂分子越来越近的威胁”“我会在危机缓和之后交还”。台词中映射出的是缩小版的人类政治发展史，包括古罗马、罗马帝国、法兰西第一帝国、德意志第三帝国还有美国等历史。《星球大战》的原声带创作者设计了精美繁复的古典乐，不同系列主题曲反映出该片世界中星球对于国家治理的理想愿景。比如，《星球大战：新的希望》中用慷慨激昂的管弦乐笔触，勾勒出充满希望、宏伟浩渺的史诗画卷；《星球大战 2:帝国反击战》中用昂扬华丽的铜管乐，渲染压迫感十足，阴郁沉重气氛；《星球大战 6：绝地归来》则是轻描淡写感性唯美的弦乐，喻示第一轮星战在细腻平和的新世纪乐章中安然落幕。主题曲的情感基调反映的是电影中正反两面对立国的斗争形势。

三、科幻电影声音书写中存在的问题

（一）意识形态偏见仍然存在

一直以来，美国都是科幻电影的主要创作国，科幻电影中的意识形态和社会认知是在美国文化基础上产生的。其他在电影中处于“他塑”的形象状态，服务于美国的意识形态，与真实的形象存在严重的偏差。

比如，电影《光灵》中的物种设定，有人、兽人、精灵三种。按照等级分，人是最高级的。在对待精灵时，男主人开头和邻居对话中说：“精灵的命不是命。”男主人的女儿在和爸爸对话时说：“妈妈说兽人都是笨蛋。”男主人回复道：“每个种族都各有不同，不代表哪个比较聪明 。”整部影片从不同人种的对话中透露出的是作为人类的物种优越感及兽人处处受到言语攻击的事实。这映射出来的正像是西方文化下的种族优越论，白人和黑人的地位差距，以及对生命的差别对待。

在大多科幻电影语言和声音聚焦上，发达国家会将自己作为世界的拯救者或是地位优越上层人。只有他们有强大的能量对抗未知的危机、对社会有主导话语权。其中，人物塑造和台词表达充满强烈的个人主义、英雄主义色彩。相比之下，我国的科幻电影虽在主题、视效、演技等方面还有提升空间，但整体上凸显了合作共赢、携手共渡难关的大国风范。例如，2021 年 9 月上映的《重启地球》讲述的是，面对危机，我们携手美国、法国、印度、日本等国一同奋战的故事。电影中不同国家部队都说着自己国家的语言，而不是统一都说中文或者英语。

（二）情感表达的空洞

科幻电影大多环境背景虚构壮观，整体基调表达世界和平、家国情怀、生命和谐的宏大叙事。当电影展现激烈打斗、令人震撼的声画效果和缜密的逻辑推理时，就会陷入情感表达空洞的困境，也会为了丰富剧情的情感细节，而套入主角的感情戏。有时候情感（爱情、亲情、兄弟情）戏可以促进角色的成长蜕变，而有的情感戏加入后则显得与整片的主题脱离。比如，《后天》插入男主角儿子和女同学的爱情，《阿丽塔：战斗天使》主人公爱上一个人类男孩，《阿凡达》的男主角最后爱上了纳威族女孩。甚至有的电影直接在科幻主题背景下讲爱情，如《上海堡垒》本质上还是爱情电影，只不过谈恋爱的时代背景变成了近未来的世界末日。

（三）民族性符号的合理介入

符号的关联性和背景性有助于解释和阐释影视文本的内涵，有了符号与象征才能对人类文化进行破译与阐释[11]。科幻电影中介入民族符号有助于拉近虚构社会与观众的心理距离、提升主题内涵、提高故事元素的丰富性。比如，《阿丽塔：战斗天使》中电影人物设定是26世纪的CG女孩，故事背景发生在美国，但影片中又出现很多中国元素，如阿丽塔第一次和格鲁伊拾卡对战时墙上的中文字“危险”，和女杀手对决场景中门上写着“回收零件”等词语，还有阿丽塔夜晚在打咏春拳等。《流浪地球》中地下城的环境，如唢呐、舞狮乐队、麻将声都属于中国元素的代入。这些符号让科幻电影透露出浓浓的中国味，更接地气。

四、对科幻电影声音书写的未来思考

（一）掌握民族性和世界性符号的转换密码

在传播的新形态下，世界各国的经济、文化相互交融。科幻题材电影推崇的是在科学至上，通过淡化社会背景、基于现实又不脱离现代社会发展实际的基础上，讲述人类共同的命运。科幻电影的整体性，一定程度上能起到消除“文化折扣”的作用，使其更容易达到情感共鸣和跨文化传播的效果。因此，我们能够借助科幻电影易于跨文化传播的特性及立体丰富的视听体验，将民族特色符号融入影片，实现民族性和世界性符号的转换。

我国的科幻电影不仅要表达全人类的共同诉求，还应巧妙地融入我们的民族符号，塑造、传递中国在国际中的形象。比如，在《流浪地球》开篇，地下城中的麻将、舞狮、锣鼓、人物方言对话等，都充满了浓浓的东方气息。这些具有民族特色的声音符号正是中国形象的融合表达。将有中国特色的语言符号和声音符号放在特定的环境中，可以恰当、有效地向世界传递中国形象。

（二）聚焦气候变化、人口老龄化等多种现实危机主题

一直以来，环境污染、植被破坏等都是亟待解决的问题，科幻电影也大多围绕生态系统、环境保护、外星入侵、太空冒险等关乎人类生存的主题来讲述故事。然而，全球面临的问题还有很多，金融危机、能源危机、人口老龄化、疾病、粮食安全、物种灭绝和核污染等，也都关乎人类的生存与发展。从这些角度出发，科幻电影可以建立起更完善的世界观。视听的表达方式和声音的渲染传输，不仅能跨越语言鸿沟，还能为人们搭建起共同的情感，从而唤起全球观众的危机意识。

（三）创新技术与自然声音融合打造“触觉特质”

本雅明在论述电影艺术时提到“触觉特质”，产生所谓“由升华的镇定来把握”的“惊颤效果”。在达达主义者那里，艺术品由一个迷人的视觉现象或震慑人的音乐作品变成一枚射出的子弹；它击中观赏者，因此艺术品就具有了触觉特质。立体环绕音、声音景观等有声传播技术或场景的应用，使听众有接触

真实世界的错觉和冲击感，产生震撼的听觉体验。技术的提升为声音书写的方式多样化赋能，丰富了影视作品中听觉内容的呈现形式。

五、结语

声音技术的发展及声音文本表意的多元性，为科幻电影的宏观故事书写提供更多的可能性。这种声音书写不仅给观众带来真实生动的在场感体验，还构筑出多维语义阐释下的科幻世界。《阿凡达》对白监督格温·惠特尔曾说："任何放进电影里的声音都必须有它存在的原因，要么推动故事向前发展，要么能渲染一种环境。"2020 年，《阿凡达》时隔 11 年再次上映，能看出一部科幻电影可以成就观众个人的时代记忆，唤起全球影迷关于"3D 科幻"的集体记忆。与普通电影不同，科幻电影题材的前瞻性影响其呈现方式。奇幻的画面内容、独创的声音元素成就了一部电影的视听体验。讲好故事需要画面更需要声音。只有清晰的对白、适当的音效信息、声音的焦点及清晰度、音乐的情感与风格和身临其境的震撼结合在一起才能更好地实现价值观建构，这是一部史诗级科幻电影必不可少的。

参考文献

[1] 克里斯蒂安·黑尔曼 . 世界科幻电影史 [M]. 陈钰鹏，译 . 北京：中国电影出版社，1988：2-17.

[2] 张东林 . 科幻电影：在幻象与本体之间 [J]. 电影艺术，1994（01）：40-45.

[3] 邢馨月 . 听觉文化研究的理论溯源及发展轨迹 [J]. 长春师范大学学报，2019（01）.

[4] 马克 · M. 克纳 . 声效剪辑师的艺术 [M]. 波士顿：焦点出版社：1989：11.

[5] 黄鸣奋 . 科幻电影视野下的中国 [J]. 北京电影学院学报，2021（06）：9-21.

[6] 张芳瑜 . 人类学纪录片感觉经验的声音书写 [J]. 电影文学，2019（16）: 14-18.

[7] 米歇尔·西翁 . 视听：幻觉的构建 [M]. 黄英侠，译 . 北京：北京联合出版公司，2014：202.

[8] 郑静 .《阿凡达》的生态主义思想及美学风格 [J]. 电 影文学，2015（15）: 142-144.

[9] 克拉考尔. 电影的本性［M］. 邵牧君，译. 北京：中国电影出版社，1981：157.

[10] 米歇尔·西翁 . 视听：幻觉的构建 [M]. 黄英侠，译 . 北京：北京联合出版公司，2014：5.

[11] 瓦尔特·本雅明 . 机械复制时代的艺术作品 [M]. 王才勇，译 . 北京：中国城市出版社，2002.

融媒体时代抗疫微纪录片的叙事策略研究
——以《心声》为例

王倩（北京印刷学院）

【摘要】本文主要从融媒体时代微纪录片的创作形式展开探讨，作为上海广播电视台与快手联合推出的微专题系列纪录片，《心声》以“云征集＋云采访”的形式反映新冠肺炎疫情期间真实的社会生活百态。本文基于对该微纪录片叙事策略的解读，分析其传播价值，探究当下微纪录片创作的新思路，为媒体融合背景下微纪录片的生产传播提供参考。

【关键词】融媒体；抗疫微纪录片；《心声》；叙事策略

《心声》是由上海广播电视台、上海文化广播影视集团有限公司纪录片中心和短视频平台快手联合打造的抗疫微专题系列纪录片。此微纪录片主创团队自2020年2月初，用视频抑或语音连线了近两百名来自世界各地的人。纪录片采用云采访的形式，通过网络征集凝聚世界各国人民的抗疫力量，全方位呈现事实、传播理念，向中国人民讲述饱含真诚与大爱的世界抗疫故事，也向国际社会传递同舟共济的中国战疫精神。

该片共10集，于2020年5月5日和6日在纪实人文频道黄金时段、快手直播间大小屏同步播出。与此同时，在纪实人文频道官方快手号发布，快手短视频平台专题推送，话题页播放量 2.1 亿，全网累计观看量近 1 亿。其中，“白衣执甲”“守城的人”“宅家干点啥”“何以疗愈”这 4 集，单条播放量均破 2000 万 [1]。“短视频 + 微记录”的创新形式，实现了网络端和电视端的融合传播，为处于疫情中的人们构建了抒发情绪与真实表述的窗口，在互联网和新媒体平台形成“1+1>2”的传播效果，是一次成功的融媒体尝试。

一、融媒体时代微纪录片的形态革新

微纪录片概念由纪录片制片人胡革纪提出，是对传统纪录片的继承和发展。微纪录片指的是以真实性为本质特征，制作精良、篇幅精短、风格纪实且花费成本较低的大众化影片形式，时长较短，并且适合新媒体传播的一种微型纪录片 [2]。微纪录片具有简洁短小、内容丰富、平民化、多元素的传播特性，且兼具纪录片的新闻性、故事性和思想性。不同于传统纪录片拍摄要求设备高端，微纪录片用手机就可以拍摄，人人都可以做编导、制片人和出品人。其以移动终端为载体，创新了传统电视纪录片的创作模式，是移动互联网时代的重要传播形式。

融媒体环境催生了短视频的出现，信息传播形式不再复杂冗长，迎合了微语境下碎片化的传播趋势，受到网络用户的青睐，成为微纪录片的重要传播平台。短视频平台与传统电视台联合创作传播，已成为微纪录片发展的重要形式。多链路传播的微纪录片创作显然更具传播性、新颖性，符合融媒体时代的发展要求 [3]。短视频平台已从过去作为传播渠道转变为素材汇集平台和播出互动平台。从某种意义上说，社会个体既是信息接收者，也是内容制造者；短视频平台既是发布平台，也是素材来源地。在新的传播格局下，“短视频 + 微纪录片”应运而生。短视频形态下的纪录片是微纪录片在全媒体环境下的一种自觉演化，它既具有微纪录片的创作特点，同时也在生产传播上呈现出更加灵活化和平台化的趋势[4]。由于微纪录片的边界在不断拓展，本文暂且将短视频形态的微纪录片定义为融媒体短纪录片。“优质内容＋精准传播”，优势资源互补，使内容价值得到全面提升。

二、抗疫微纪录片《心声》叙事结构的搭建

（一）叙事角色的平民化

人作为视觉元素的中心，在微纪录片中充当着重要的角色[5]。《心声》的主人公比较泛众化，基本上以普通人物为主，不仅有医生、护士和患者，还有其他社会各个阶层成员，如老师、学生、理发师、音乐家、画家、摄影师、外卖员、会计师、警察、飞行员和乘务员，以及许多的海外华人等，辅之以较少的知名人物，像节目主持人百克力。

在这些个性鲜明的小人物中，我们看到了默默做后勤保障的守城人们，因疫情滞留湖北还不忘奉献自己的志愿者们，想出门却乖乖待在家里做好自身防护的孩子们，远隔重洋却心系祖国的爱国人士们。他们都站了出来，讲述自身的故事。正是这些普通民众成就了《心声》这一部独具特色的抗疫微纪录片。

（二）叙事视角的多元化

法国学者兹韦坦·托多落夫将叙事视角划分为三种形态——零视角、内视角和外视角[6]，《心声》则主要运用了内视角与零视角结合的方式。内视角即通过此次疫情的亲历者自己叙述自己的故事，展现其见闻、表达其内心活动。比如，第一集“白衣执甲”中新冠肺炎康复患者朱红讲述自己转入金银潭医院治疗中曾看到有些病重人员的状况。援鄂医生葛峰讲述病人离开时的场景：“非常快，不给我们准备时间，很多病人活生生地就在你眼前，离开了。”郑州大学

第二附属医学院援鄂医生楚紫栋讲着讲着便眼眶湿润了，我们能从中感受到他的心痛，也知道医护人员已经尽了最大的努力。虽然讲述具有主观性，但是因为人物的多样化与角度的差异化，我们能从片中感受到客观性和可信度，也更易引发共鸣。

零视角是指上帝视角，主要在字幕中得到体现，《心声》部分单集往往是在开篇空景加上一段话来介绍背景。比如，第二集“封城之下”写道：“1.23 武汉关闭全部离汉通道。”后面也是以字幕做区隔划分短片的结构，视频中段出现“这座城市虽然按下了暂停键，但人类的坚韧的生命力，依然在这里的每个角落暗涌”。最后“2020.4.8，封城 76 天后，离汉通道开启”，这种让创作者自由发挥融入自己情感做出评论的方式，保证了纪录片的完整性和情节的稳步推进。

（三）叙事风格的碎片化

微小性、片段性是微纪录片普遍具有的特征[7]。微纪录片的碎片化叙事本质上是视频消费模式的改变，并不会因此缺乏厚重与质感，反而更能凸显时代优势。

《心声》系列单集只有 6 分钟，用组合拆分的方式进行碎片化叙事。一个人对于不同话题的表述被用在多个分集中，如学生余维不仅在“滞留湖北”中出现，也在“春风如期”中出现，只不过有所侧重。在前一个短片中，她是作为主要人物穿插其中，讲述自己公费去加拿大学习四重奏计划被打断，失望难过后积极和国外艺术家们一起去录制“天使之爱”的视频，用琴声表达对一线战士们的挂念、对祖国的支持与热爱这样一段心路历程；而后一个短片里只有对问题“你最牵挂的人是谁”的回应，出现短短几秒钟。《心声》把设计好的情节分割成许多小片段串联起来，没有丢掉微纪录片分集的逻辑感，也不至于传递过多的信息使受众无法消化。

三、抗疫微纪录片《心声》叙事节奏的掌控

（一）视听语言对外部节奏的掌控

微纪录片作为一种影像，主要利用镜头和声音来完成影像意义的建构。空镜头在《心声》中显得尤为重要，分集的开篇和结尾部分几乎都使用了空镜头，起到了衬托背景的作用。比如，第十集“春风如期”中表达疫情得到控制是用女孩的话衔接阳光透过梅花照射下来的空镜头，并配以字幕：“没有一个冬天不可逾越，没有一个春天不会到来。”它象征疫情终会被战胜，希望将要来临。《心声》少有旁白解说，声音元素以背景音和独白为主，辅助画面控制视频节奏。

从视觉画面来看，《心声》节奏比较紧凑，单个镜头持续时间短，在3~6秒，全景和特写紧密结合。其中，第六集“宅家干点啥”中还运用了画面分切，借鉴综艺包装的手法，在画面上弹出黑底卡通字幕：“家有神兽，家长们的大考验！”配合俏皮音效加上一个被采访孩子的画外音“我已经想出去了呀”，还有“我不困，我不累，我也想出去啊，说多了都是泪”像弹幕划走形式的字幕，设计形式多样。百克力介绍自己的孩子宅家像一台永动机一样永远不停歇时，出现分切镜头孩子在玩各种游戏的加速画面，具有趣味性，符合年轻人的观看习惯。

为弥补交流感与场景感的不足，《心声》选取了从快手中截取的用户视频和其他不同来源的视频，如“与子同袍”中多伦多复旦校友会会长叶军在讲述向中国捐赠物资时引用了中国新闻社的视频。片中也将很多非真实的空景用图片加文字的形式作为补充，按照被采访者的描述来配备。

从听觉来看，背景音比较贴合画面，如提及患者离开时伤感悲壮的曲调，随着全国医疗援助的展开疫情形势得到控制时振奋人心的曲调。音乐还具有转

场的作用，第三集“硬核支援”中觉醒法师提到所有在抗疫第一线的人说他们并不孤单，各界会通过不同的形式，和他们一起战斗。接着背景音由温情转紧张，画面由慢转变快切，承接中国东方航空地面服务人员主动临时成立党员突击队的画面，以此阐释时间紧、任务重。他们为让医疗团队方便快捷抵达第一线所做出的努力，让观者身临其中，感同身受。

（二）人物采访主导下的内部节奏

受制于疫情而无法深入拍摄等条件的限制，《心声》依赖云采访，并以此为支撑、以人物的语言讲述来缝合叙事和表达情感。在人物纪录片中，人作为拍摄主体，个人情感的表达贯穿整个纪录片中。《心声》采用的是以云采访为主的形式，被采访者的话语表达最能体现情绪的起伏与节奏的变换。

字幕构成了主要问题，人物的话语构成了回答。例如，“春风如期”完全以问题字幕的形式串起全片，设置了4个问题分别为“你最牵挂的人是谁”“你最感动的瞬间是什么”“有什么超出预期的收获”“疫情结束后，你有什么想做的事”。影片通过一问一答的形式，以期在讲述者和受众之间形成共同的想象画面。“战疫无疆”里刘丽提及意大利完全是孤立无援的时候，中国政府来了，送来了最好的医疗团队，帮助意大利人。好多意大利民众自发放起了中国的国歌。紧接着，画面切到另外一面，被采访者费悦说道：“非常感动的一幕，似曾相识，就好像在武汉一样，所有人唱起国歌，开始鼓掌。”直接与刘丽的话相结合，同一个话题下的接续诉说没有任何违和感。中国派出了专家来援助伊朗，捐献了很多物资，伊朗人索尼娅横斑说道：“我想表达一下我的感激之情，感谢中国人的帮助，你们为伊朗送来的检测试剂，还有其他医疗设备和物资。这些物资对我们很有帮助，感谢你们！”被采访者的感激之情溢于言表。话语中有客观事实现象表述，有发自肺腑的内心独白。话语中所饱含的或是憧憬期待，或是感动万千，或是必胜信念，或是牵挂关切。话语展现出抗疫期间千千万万的人所带有的强大能量，让人受到了鼓舞和振奋。

四、抗疫微纪录片《心声》的传播价值分析

在疫情面前，急需利用融媒体思维进行相关信息的整合与传播。融媒体形态的短纪录片俨然成为新媒体视频平台在疫情期间传播的主要形式。《心声》实现了手段形式与话语方式的改变，这不仅为这场疫情防控阻击战留下珍贵的影像资料，而且成为打赢这场战役的重要精神力量。

（一）一手资料记录，嵌入日常生活

纪录片的本质属性是真实，其作为真正发生过的记忆是不可替代的。微纪录片也是如此，同样具有其他微媒体无法代替的史料价值和文化意义，并且满足了人们对真实信息的需求。更重要的是，《心声》的素材几乎完全来自用户本身，都是切实的一手资料。

从微观史的角度看，微纪录片是对传统宏观纪录的有益补充。《心声》呈现了全国人民团结一心、全民抗疫的景象。这部微纪录片将视线转移到全民抗疫的战场，通过全景式视角塑造了外卖员、志愿者、社区工作人员等平民英雄的形象，用微纪录的形式讲述年龄各异、职业各异、经历各异的人们，在疫情期间疗愈身心、同舟共济的真人真事。真实的抗疫微内容比较容易嵌入人们的日常生活，在人们宅家时被消费，也以知识储存形式成为生活方式的一部分。这部微纪录片展现了抗疫历程，保留了这个时代的印记，鼓舞了全国上下万众一心，激发了全民共同抗疫的决心，提振了人们合作的斗志和信念，构建起了民众对疫情的集体记忆。

（二）及时引导舆论，展现大国风貌

新冠肺炎疫情暴发期间，一些西方媒体违背新闻的客观性，发布了多篇文章污名化中国。国内舆论场舆情具有爆点多、传播快、关注广等特点[8]，互联网上的谣言和虚假新闻也在传播。这些都使受众无法了解到疫情的真实情况。

受制于难以进入武汉、大家隔离在家的客观条件，《心声》被迫选择了线上连线、用户拍摄上传、取材自快手等平台、导演组剪辑整合的形式，不需要等拍完素材再传回来这个漫长的过程。相比于纪录长片较长的制作和上线周期，微纪录片可以及时回击谣言，体现快速反应和记录历史的优势。《心声》重创作也重传播，通过快手平台的“赞”“评论”“转发”等功能，链式快速传播，党和政府敢担当、勇担当，始终将人民的生命安全放在第一位，始终坚持人类命运共同体的意识，用及时执行有力的防控举措抑制疫情传播。建医院收治患者、用行动支援他国、设抗疫合作专项基金等应对措施，均通过微纪录片得以呈现，展现了真实的疫情实况，唤起了受众的爱国情怀，增加受众的民族自豪感，起到了引导舆论的作用，也从不同的方面展现了中国对人民负责、对世界尽责的国家形象，体现了中国的大国担当。

五、结语

《心声》单集微量化开启了融媒体创新云模式，以云征集的形式，在快手短视频平台发布“我的战疫心声”话题，汇聚全民战疫故事；围绕抗疫内容及人物故事而展开的云采访，丰富了故事讲述的内容，展现了人物内心不为人知的细腻情感。这部微纪录片充分利用传统视频平台、网络社交平台进行播放宣传，一定程度上适应了当下融媒体时代微传播的趋势，成为泛纪实内容生态的新景观。上海广播电视台在传统微纪录片的基础上整合了各平台的素材，采取的适

用新媒体的视听形态打破了传统微纪录片的创作发布惯例，展示了融媒体时代微纪录片的创新传播路径，为未来微纪录片实践的发展方向提供了借鉴。

参考文献

[1] 人民网 . 200 人的心声，被 2 亿人听见——十集微纪录片《心声》收官 [EB/OL].（2020-05-20）[2021-11-29]. http：//sh.people.com.cn/n2/2020/0520/c176737-34029358.html.

[2] 陈成梅 . 具有地域特色的微纪录片叙事研究 [D]. 济南：山东师范大学，2020.

[3] 刘小慧 . 短视频时代微纪录片的创作研究 [J]. 视听，2021（08）：121-122.

[4] 杨棪 . 浅析纪录片与短视频的融合探索 [J]. 中国电视，2020（05）：77-80.

[5] 刘学琴 . 新媒体语境下人物微纪录片叙事策略研究 [D]. 成都：成都大学，2021.

[6] 朱智奕 . 健康传播视角下医疗纪录片《人间世》的叙事研究 [D]. 南宁：广西大学，2020.

[7] 夏浪波 . 人物纪录片类型研究 [D]. 上海：上海师范大学，2016.

[8] 邢虹文，张韵，徐芳菲 . 纪录片与公共卫生类突发事件的舆论引导 [J]. 上海艺术评论，2020（03）：16-18.

寻找有意义的故事：中国举重运动的叙事研究

杨芜萌　张聪（北京印刷学院）

【摘要】举重是中国的传统优势项目，中国举重队凭借在各大国际赛事中取得的辉煌成绩，在国际举坛中占据着举足轻重的地位，但是我们对于举重项目的起源和发展记录是有限的。现代举重兴起于西方欧美国家，自 19 世纪传入中国。即使现存的许多杂志文章、口头和视频采访，以及一些小发行量的电影和纪录片都呈现了体育的发展历程，举重项目也不是作为一个连贯的运动历史的主题被记录，关于举重运动背后的相关叙事寥寥无几。本文借鉴了有关运动、记忆和口述历史的文献，对举重运动亲历者进行采访，以寻找被采访者从其经历中获得意义过程的迹象。口述历史作为社会记忆中有影响力的行为，也会对中国举重运动未来的发展提供很大的借鉴意义。

【关键词】体育口述史；举重运动；奥运记忆；叙事研究

中国体育口述史上，举重作为一项运动系统地被记录起源和发展的内容是相对有限的。举重项目于公元前 2500 多年前就已有相关记载，而现代举重运动的兴起主要是在 18 世纪末的欧洲。直到 19 世纪初，现代举重运动才真正以比赛的形式出现，并传入中国。举重运动主要包括三种竞赛项目：竞技举重、健美运动和力量举重。其中，力量举重被列为奥运会的比赛项目。1896 年，在希腊雅典举行的第一届现代奥林匹克运动会上，举重运动作为一项竞技运动项目被列入正式比赛。这也是现代竞技举重项目上所进行的第一次正式的国际比赛，但当时只设立了男子举重比赛项目，女子举重未包含其中。20 世纪 40 年代，女子举重才开始在欧美地区盛行。女子举重项目直到 2000 年的悉尼奥运会才被列为正式的比赛项目。这种明显的沉默引发了关于举重运动的价值和意义问题的探讨。

在考察中国举重项目基础的过程中，本文试图证明口述史传统——作为产生、传播和协商意义的作用机制——在构建对举重这项运动过去的集体记忆中所发挥的作用。针对举重项目的历史及其明显局限性的简要概述，本文确定了有关这项运动在中国最早的叙述历史。它研究了过去通过正式和非正式的社会记忆行为所构成的特定话语过程，并在受访者的口头叙事中进行了呈现[1]。

一、举重项目历史：展示传统体育举重运动的过去

举重项目在中国的发展拥有十分悠久的历史。从原始社会起，受生活习性的影响，在人们日常的狩猎、自卫活动及各部落之间的战争中，古代的举重运动就有了萌芽和发展的趋势。后来，随着青铜器等各类兵器的出现，人们在进行武艺和格斗技能的训练时，通常会借助具有一定重量的器械来进行训练，举重等训练方式的出现勾勒出了现代举重运动的雏形。近代，中国举重运动经历了一系列的发展和演变。在 1935 年，中华全国体育协进会作为中国的代表，正式加入国际举重联合会，并且于 1936 年选派出 3 名举重运动员参加了柏林夏季奥运会的举重比赛，由此拉开了中国举重运动员参加奥运会举重比赛的序幕。

自中华人民共和国成立以来，中国举重运动得到了进一步发展。中华人

民共和国成立之初，举重运动的相关活动虽然在全国各地广泛开展，但是因为举重项目的训练系统尚未完全成熟，这一时期的举重运动竞技水平总体偏低。1955 年以后，全国各地相继成立举重队，并积极开展训练。国家举重队也开始派出运动员前往苏联学习，进行系统的训练。在此期间，中国举重项目的成绩得到大幅度提升。1956 年到 1966 年是中国举重运动飞速发展的 10 年，中国在举重项目上赶超世界举重先进水平。在此期间，10 名运动员总共 30 次分别打破了 5 个级别、10 个单项的举重世界纪录。其中，在 1958 年为了维护一个中国的原则,中国全国体育总工会宣布退出国际举重联合会。在随后的一段时期，中国的举重项目发展相对迟缓，并与当时的世界举重先进水平产生了非常明显的差距。到 1973 年以后，中国的举重运动训练逐渐恢复，中国举重队的成绩得以逐步提高。1974 年 9 月，中国举重协会恢复了在国际举重联合会中的合法地位。1979 年，由陈伟强、吴数德等年轻一代举重运动员组成的国家队，先后 20 次打破男子青年举重的世界纪录，并且吴数德还为中国举重队获得了一枚 52 公斤级抓举项目的金牌。在随后的 5 年时间里，中国举重队通过不断的学习和积极的探索与创新，再次赶超世界举重运动的先进水平。

1984 年，中国重返国际举重联合会后首次参与奥运会举重比赛，并取得了在男子举重项目中 4 枚金牌、2 枚银牌的优异成绩，取得了中国举重项目上的历史性突破，并且成功跻身至世界举重运动前四名的高水平行列。同年，山东省成立了第一支女子举重队，标志着中国由此正式开展了女子举重运动。在接下来的两年时间里，中国女子举重队在训练和成绩上发展迅速，除 75 公斤以上级外，其他举重级别均达到世界领先水平。直至今天，中国举重队的水平一直保持在世界最高水平之列。

任何一个体育项目的历史记载都离不开运动实践和理论研究，竞技举重运动的发展史记载也是如此。各国举重协会、各大洲举重联合会及国际举重联合会都设立了科研委员会，这些组织与协会主要负责协调、组织有关的举重运动科研项目。其中，国际举重联合会每四年举办一次举重运动的科研论文报告会，会针对各国、各地区关于举重运动的最前沿的研究进行讨论。同时，国际举重联合会官方正式出版的季刊《世界举重》(*World Weightlifting*)，分别被印刷成英语、俄语和西班牙语三种版本发行。此外，前国际举重联合会主席哥特弗里德·肖德尔等人还著有《100 年奥运会和 105 年世界锦标赛中的举重奖牌和世界纪录》《世界举重运动史》《过去的事——国际举重联合会史记》等著作，对世界举重运动的发展史进行了比较系统和全面的梳理和总结。同时，各国举重协会、各洲际举重联合会也相继出版了相关著作，如《中国举重史》《亚洲举重史》等，从宏观角度上对各国、各洲的举重发展历程进行了梳理和研究，在很大程度上促进了举重运动的发展[2]。

二、口述历史与中国奥运举重运动叙事

口述史作为“新史学”的分支，在国内外的发展方兴未艾。无论是作为方法学意义上的“口述史”，还是作为历史学意义上的“口述史”，它在社会记忆的研究中都具有极为重要的价值和作用。过去讲述的口述传统可能无法通过历史记录，但可以在为举重项目记录的口述历史引用的话语中辨别出它们的踪迹。根据举重项目最早几年的叙述，杂志或主流媒体的报道有助于大众对举重这项运动的早期认识。虽然承认口述历史是构成社会记忆的自觉行为，可以将故事从历史的沉默中拯救出来，但口述历史也避免不了遗漏[3]。

中国奥运举重项目亲历者的口述历史为举重运动记忆框架提供了具有重大影响的特定历史证据。举重项目作为中国的传统优势项目，在口述史方面留下的资料却是寥寥无几。接下来，本文旨在对 2008 年北京奥运会举重运动的亲历

者张聪进行采访，通过其对北京奥运会举重项目的相关叙事，串联起口述历史与中国奥运举重运动的历史记忆。

在举重运动口述历史中寻找特点

举重项目是一项重要的世界性体育运动，近年来随着体育事业的不断发展，中国举重队在该项目上也取得了举世瞩目的成绩，更是被称为“梦之队”，但目前公众对于举重运动及举重运动员背后故事的关注相对较少。此外，媒体对于举重运动相关的叙事内容也主要是侧重国际赛事比赛结果的报道。虽与其他体育项目的运动员一样，举重运动员也需要经历刻苦的训练才会创造出举世瞩目的成绩，但是这项运动对于运动员身体素质和技术素质的要求会更高一筹。

> 在举重的过程中，脊柱往往需要承受很大的重量。长此以往，超负荷的承重过程会让脊柱受损而使身体失去平衡，同时还会对运动员的腰部造成损伤，甚至出现撕裂、磨损等问题。如果举重过程中肩部的承受力不足，可能会对肩部肌肉造成损伤，影响身体的正常活动。在辛苦的训练与身体的伤痛之间，很少有人能够坚持下来，而能够选择将这项运动作为终身职业的人，需要付出巨大的艰辛和努力。

举重冠军龙清泉出生在一个普通的家庭，父母在安徽宣城市泾县的一个砖厂打工，生活拮据。而龙清泉为了减轻家里的负担，还会承揽训练场馆的打扫工作，把场馆内丢下的矿泉水瓶收集起来当废品卖掉，用以补贴家用。与此同时，他更加刻苦地投入训练了。最终，龙清泉依旧凭借自身的努力一鸣惊人。在2008年北京奥运会男子56公斤级举重项目中，他不负众望地站上了奥运会的领奖台。世界举重冠军谌利军也付出了艰辛的努力。谌利军出生在湖南安化的一个普通农村家庭，父母务农打工。后来谌利军进入体校，他非常刻苦地进行训练，一心想要练出好成绩，成为世界冠军。母亲太过心疼他，曾试探地询问他是否能够放弃举重。谌利军却十分坚决地表示："我练了这么久，现在不练了，那我吃的苦不是白吃了吗？"后来，谌利军先后获得世界青年举重锦标赛冠军、世界举重锦标赛冠军，并打破了世界纪录。随着获得的冠军越来越多，谌利军靠着奖金将家里的债还完了。举重冠军刘春红也是都靠着自己的顽强拼搏，在举重这项运动上取得了瞩目的成绩。这一特点也从北京奥运会举重项目实习生张聪的叙述中得到了体现：

与其他体育项目的运动员不同，举重运动员拥有更多比一般人吃苦耐劳的意志力。或许在他们身上，"宝剑锋从磨砺出，梅花香自苦寒来"是最适合不过的形容了。

在我国体育行业，依旧有许多运动员在用自己的生命健康拼搏着，可是退役之后，不仅失去了赛场上的飒爽英姿，还需要忍受病痛的折磨。前举重运动员才力退役后，家中没有任何的积蓄，因为在参赛期间需要更多的力气，所以导致肥胖，最终因为过度肥胖患上了呼吸睡眠暂停综合征致肺部感染，因呼吸衰竭病逝，年仅33岁。昔日在运动场上被鲜花和掌声簇拥的运动员，在离开体育赛场后，往日的辉煌不复存在，成了无人问津的普通人，甚至带着一身的伤病过着昏暗无光的日子。因此，如何找好运动员退役后辉煌与落寞的平衡点，成为一个值得深思的问题。

通过受访者的叙述，串联起了口述历史与举重记忆的脉络，这是个人的体育经验史与集体记忆的高度融合，彰显了特殊历史时空下历史与社会、时间与空间相互串联的复杂人生体验。看似是个体生命的体育经历叙述，其背后所蕴藏的却是特定历史时期下个体、群体与社会的运行机制，以及一个时代的个人体育经历和命运。举重奥运赛事的亲历者所讲述的历史，不仅提供了记录中国奥运举重运动历史的依据，也为整个国家的体育口述史书写下了重要的一笔[4]。

三、口述历史与举重运动叙事：个人与集体记忆的双重追求

口述历史是举重运动的重要历史来源。然而，个人体育史学家忽略了这一来源的重要性，因此无法了解人们为什么及如何创造过去的意义。在本文中，我们通过对举重运动相关人物提供的口头叙事证词进行仔细分析，探讨了原因和方法。中国作为一个世界文明古国，从古至今都流传着许多大力士表演和角力的传说和历史记载。随着 19 世纪中叶现代竞技举重从欧美等国传入中国，中国举重项目的发展虽偶有起伏，但总体发展趋势良好，中国举重队是名副其实的举重运动“梦之队”，在世界举重项目中占据着举足轻重的地位。

本文为承认口述历史在举重项目记忆框架中的作用提供了一个案例。不可能恢复和分析构成举重运动记忆的过去的口头叙事，但仍然可以通过口述历史辨别这些传统的痕迹，并收集嵌入记忆中的意义及它的问题。加里奥斯蒙德认为：“即使是很小的纪念活动也有助于‘拯救历史’，这与其说是为了保存事件，不如说是让它们成为个人和集体的焦点。”本文引用的口述历史提供了许多关于记忆和遗忘的小口述行为的线索，举重运动记忆似乎依赖于这些口述行为。受访者提供的证词不仅展示了口述历史作为社会记忆行为的作用，而且展示了一种将口述历史视为表演的方法的价值。在这种方法中，受访者试图将他们的

经历与过去和现在的话语联系起来。所有受访者都寻求在举重运动历史的各个方面作为权威发言，并使用过去形成的话语赋予他们的经历以意义，以确保他们自己和他们的经历在社会记忆中占有一席之地。叙述表明举重运动的口述史源自复杂、微妙和自发的表演，并肯定社会记忆的口头行为对个人和集体都具有意义[5]。

参考文献

[1] JANE E H. In Search of a Meaningful Story：Oral History and Triathlon Memory in Australia [J]. The International Journal of the History of Sport，2019，36（13-14）：1218-1233.

[2] 麦佳德 . 中国举重运动成功经验研究 [D]. 北京：北京体育大学，2017.

[3] DOUGLAS B. Holly Thorpe.Form and Performance in Oral History（Narratives）：Historiographical Insights from Surfing and Snowboarding [J]. The International Journal of the History of Sport，2019，36（13-14）：1136-1156.

[4] 王智慧 . 记忆的创造与表达：口述史与体育记忆的建构机制 [J]. 上海体育学院学报，2021，45（08）：41-51.

[5] 王智慧 . 社会记忆的生成与书写：体育口述史研究的社会学路径及转向 [J]. 西安体育学院学报，2021，38（04）：424-433.

奥运数字叙事的逻辑转向与未来展望

王紫茜　张聪（北京印刷学院）

【摘要】奥运承载记忆、寄托情感。传统媒体时代，观众基于二维画面观看奥运赛事;新媒体时代，观众的视线转向移动端，电视媒体借力短视频报道奥运。数字化、移动化成为大众观看奥运的重要趋势。本文将梳理奥运数字叙事的发展历程与意义，阐述奥运数字叙事的逻辑转向，并对奥运数字叙事的未来提出建议与展望。

【关键词】奥运会；数字叙事；短视频；逻辑转向；未来展望

一、奥运数字叙事的发展历程与意义

从2012年伦敦奥运会首次运用3D转播技术将12个运动大项呈现在电视荧屏上，实现了电视转播技术的一大突破；到2016年里约奥运会的VR技术，三维动态的视觉交互体验使比赛直播画面更具真实性与纵深感；再到2020年东京奥运会，移动终端已经成为观众收看奥运赛事、获取奥运资讯的主要媒介渠道，从守着电视观看直播到手握手机随时随地进行“指尖式”观看，这种媒介技术依托下的全新形式为奥运会报道注入了不同的意义与内涵。

（一）奥运数字叙事强调互动参与的“在场”

电视在视觉上传达了一定的“现场感”，但观众与现场的关系是基于二维画面的“观看”[1]，即在平面上的视觉体验，基本还原事件现场。移动互联时代，用户追求“人在现场”的真实感，进而实现从观看者到当事人的转变。从电视媒体线性转播奥运赛事到现在直播所拥有的多视角自由切换模式和评论互动体验，使聚集在网络空间的用户在观看比赛的同时，也可以发表自己的想法，其表达权得到回归。对于网络中的个体节点而言，与陌生人的沟通、交流，如同自己进入他人的生活空间，创造了自己在别人空间中的在场感[2]。

（二）奥运数字叙事注重内容呈现的“升级”

现如今，官方正统的奥运视角已经被多样化的报道所取代[3]。与传统电视媒体相比，短视频凭借其短小精悍的天然优势，赢得了受众的青睐。本届东京奥运会，央视频设置了“奥运会”TAB 页，并在推荐界面对奥运会相关的短视频进行实时更新，最大化地向观众展示奥运会的方方面面，打造多元化的内容矩阵。央视频推出的四个原创系列短视频颇受关注：《2020 东京奥运会——高燃时刻》聚焦中国军团金牌时刻、夺牌瞬间，运动员采访，奥运健儿打破纪录的高光时刻等；《奥运没想到》科普自行车、马术、滑板、冲浪、攀岩、水球和三人篮球等不同比赛项目的冷知识；《营业吧！奥运健儿》回顾了奥运健儿在赛场上的表现，有的喜极而泣，有的波澜不惊，也有的遗憾落泪，有“60 后”运动员五次征战奥运会，也有“00 后”小将初登奥运舞台……正是这些耐人寻味的画面共同构成了奥运会的独家记忆；《我的奥运故事：不一 YOUNG 的奥运》记录了运动员在赛场外的故事，如克服伤病重返赛场、为突破自我不断挑战极限等。运动员那些日日夜夜的努力与付出，为的就是能够在充满激情的赛场上拼搏，为祖国争光。

二、奥运数字叙事的逻辑转向

（一）“唯金牌论”的消解

与往届奥运会不同的是，短视频成了本届东京奥运会各大媒体争相报道的主战场。一方面，短视频“短、快”的特性与受众碎片化的媒介接收方式相契合；另一方面，短视频“平”的特性满足了时下受众的交互需求。传统电视媒体的非即时性反馈使受众的表达欲无法充分释放，而短视频的社交属性使他们拥有主动表达自己想法的权利，并在网络虚拟空间中建立起交流互动的“圈子”。不同的媒介形式使奥运报道的侧重点也发生了变化。现如今，我们在移动终端观看的短视频多为对赛事的精剪，“唯金牌论”的观点逐渐消解，呈现出主题鲜明、内容多元的特点。

本届东京奥运会，除了夺冠的精彩画面，我们也看到了媒体对突破、拼搏的中国奥运精神这一核心话题的大量报道。苏炳添在男子百米半决赛中跑出9秒83的成绩，他成功站在了百米“飞人”决赛的跑道上，实现了自己的梦想；年仅16岁的小将曾文蕙是中国首位参加奥运会滑板项目的选手，凭借着出色的发挥，最终斩获第六名；王春雨不断刷新着个人最好成绩，成为中国运动员进入女子800米决赛的第一人；中国女子七人制橄榄球队首次出现在奥运会的赛场上，姑娘们不服输、顽强拼搏，荣获第七名，这也是中国军团在该项目上取得的最好成绩；中国组合刘治宇和张亮在赛艇男子双人双桨决赛中夺得铜牌，实现了男子赛艇奥运奖牌零的突破；中国射击运动员魏萌在双向飞碟资格赛中以125靶124中的优异成绩追平世界纪录…… 这些短视频生动地诠释了奥运会最激动人心的不是只有夺金时刻，那些从无到有的突破和不断超越、奋勇拼搏的精神同样值得我们铭记。

（二）报道话语的转变

电视体育解说是电视体育赛事直播的重要组成部分。东京奥运会的赛事解说在坚持专业性、权威性的基础上积极创新实践，顺应大众的话语接受习惯，转变媒介话语方式，主要体现在两个方面。一方面，将唯美的中华诗词运用于解说之中，对赛事进行独特解读。诗意解说与精彩赛事的完美搭配可谓是本届东京奥运会的亮点之一。例如，首金获得者杨倩“除却君身三重雪，天下谁人配白衣”；孙一文“一剑光寒定九州”；年龄相差 14 岁的组合庞伟和姜冉馨“老骥伏枥，志在千里；旭日东升，未来可期”，女子 500 米皮划艇组合徐诗晓和孙梦雅“一骑绝尘，尽显中国速度”；赛艇女子四人双桨组合“一棹逍遥天地中”等。此次解说类短视频成为“流量密码”的原因在于打破了传统思维的局限性，以“赛事 + 诗词”的方式搭建奥运解说的全新话语体系，让观众重温中国式浪漫，感受中华文化的博大精深与无限魅力。另一方面，新媒体时代，受众想要的并非高高在上的媒介话语形态，而是趋于平等、具有网感的话语表达。例如，“下饺子的水花都比这大”“你永远不要低估一颗冠军的心”“巨轮停泊在港湾是最安全的，但那不是造巨轮的目的”等，运动员在赛场上的表现通过精准且形象化的表达使受众产生共鸣与共情，达到较好的传播效果。

（三）“出圈”与再创作

“陌生化”所营造的“距离感”是艺术加工后的内容与社会常态之间的一种“反差”，此种反差在很大程度上满足了受众求异、求新和求奇的审美趣味[4]。这一点在东京奥运会的报道中也有所体现。比如，吊环冠军刘洋的“歪头杀”火到国外、体操女子平衡木冠军管晨辰“袋鼠摇”的招牌动作引来关注和模仿、举重冠军李发彬的“金鸡独立”秀翻全场、孙颖莎“场上小魔王，场下小可爱”、中国跳水队的“水花消失术”及运动员们的“花式比心”等。这些报道成功“出圈”的原因，首先是运动员的表现在经过“网络化”后与奥运会的庄严特质形成强烈的反差，紧紧抓住了网友们的眼球。其次是依托多渠道进行内容分发，实现裂变传播。央视频上的各大账号在奥运会期间打造了大量的爆款短视频，平台的巨大流量和社交属性使这些短视频拥有了一波热度，并产生了较好的收视效果。传统媒体时代，奥运电视报道是基于专业机构完成内容的生产与制作。短视频的出现，使奥运报道实现了从 PGC（专业生产内容）到 UGC（用户原创内容）的生产模式转变，采用去中心化的传播理念，赋予受众对内容进行“二次创作”的机会，激发更多的人参与奥运赛事内容的制作与分发。无论是对独具特色的解说词进行混剪，还是对精彩赛事及其周边的剪辑，都丰富了奥运赛事报道的内容，并在数量上达到了一定的规模。同时，这种大屏和小屏联动的传播模式也为大众带来不同于以往的观看体验。

（四）故事化报道的演进

短视频报道奥运遵循了传统电视媒体的报道逻辑，但又不局限于奥运会赛事本身，还重视挖掘运动员背后的故事。而这种以故事化的方式报道奥运健儿，是电视奥运报道逻辑转向的成功实践。短视频《东京奥运会金牌故事——全红婵：7 年跳水，脱颖而出》讲述了全红婵 7 岁开始练习跳水，她有出色的弹跳能力且爆发力强，通过多年来刻苦地训练，在 2020 年的选拔赛上以优异成绩获得了东京奥运会入场券的故事。7 年时间，全红婵总是默默练习，靠着不懈的努力站上了最高领奖台，圆梦东京奥运，书写着新的少年传奇故事。短视频《探访全红婵母校：弟弟妹妹也在练跳水，父母种果树供三人学习》从不同视角对全红婵进行报道，通过走访她的母校湛江体育学校，了解她曾经训练的地方，并记录下弟弟妹妹现在也跟随姐姐的脚步练习跳水，父母靠种果树供姐弟三人上体校的故事。不难看出，短视频报道在原有报道逻辑的基础上，增加了对同一个人或同一件事的多维角度阐述，使报道内容更具灵活性。2021 年 8 月 1 日，苏炳添亮相男子百米半决赛，在这场世界瞩目的比赛中，他跑出了 9.83 秒的成绩“一战封神”，媒体对此展开大量报道。其中，短视频《9.83 秒！ 32 岁苏炳添奥运再超越！亚洲飞人逆龄而上！》讲述了从 2011 年到 2021 年苏炳添不断突破自我，刷新着自己的最新纪录，并以中国速度冲刺东京的故事。从 10.16 秒打破尘封 13 年的全国纪录到 9.83 秒跑进奥运会决赛，从短暂地告别赛场到重返赛场，报道通过对细节的把控将苏炳添不放弃、勇于挑战自身极限的精神展现得淋漓尽致。除此之外，中国女排战胜阿根廷女排后挥别东京，现场响起《阳光总在风雨后》，一代代中国健儿接续传承奥运梦等短视频也获得了较高的关注。

（五）多屏互动技术的发展

移动化、多屏联动已经成为近年来受众信息消费场景的主要特征与趋势[5]。本届东京奥运会上，中央广播电视总台作为国家级媒体积极创新转播技术，使观众尽享多角度的赛事转播。如在乒乓球的赛事转播中，总台运用 4K 超高清转播系统，共设有 24 个有线机位和 4 个无线机位，观众可观看同一赛段的多场比赛，享受更加直观、更加完整的赛事观看体验。同时，随着 5G、VR、AR 等技术的迅猛发展，在此次奥运会上，咪咕依托 5G 技术创建了 XR/AR 演播室，打破了原有的观看模式，营造了立体化虚拟空间，为观看者带来沉浸式的视觉交互体验和身临其境的满足感。

三、奥运数字叙事的未来展望

（一）多元呈现，构建内容生态

传媒业中，内容生产与服务属于供给侧，社会用户处于需求侧[6]。电视媒体想要满足不同受众群体的信息需求，应不断提升自身精品内容的持续供给能力，提供正能量、故事化的内容服务。

深耕正能量内容报道。正能量传播符合时代发展潮流、紧贴时代命题，是鼓励大众积极向上的精神力量，是传递主流价值的重要依托。以奥运健儿为报道对象，是进行正能量传播的一大突破口。女子铅球运动员巩立姣在东京奥运实现自己的金牌梦，赛后接受采访时她说道："这一刻我等了21年。人一定要有梦想，万一哪天实现了呢？我实现了。"通俗、简单的话语使报道内容极具穿透力且容易让观众产生共鸣，既表达出对每一个胸怀梦想的人的激励与支持，又将滴水石穿的奋斗图景得以充分展现。

深耕故事化内容报道。传统电视媒体应充分借助时下爆火的短视频对国内外运动员的背后故事进行报道，达成"质"与"量"的双目标。本届东京奥运会媒体关于奥林匹克格言"更团结"的报道便起到了示范作用。尽管在赛场上，各国运动员是竞争对手，但场外他们相互鼓励、给予温暖、携手共进。羽毛球男单决赛后，中国运动员谌龙和丹麦名将安赛龙互相送上祝福，并交换了球衣；中国小将管晨辰在获得体操女子平衡木的冠军时，美国选手苏妮莎击掌祝贺，并拥抱了她，还将合照发到了社交平台；中国游泳运动员张雨霏在完成女子4×100米混合泳接力比赛后，停留在原地等待日本选手池江璃花子并为她送上拥抱[7]。竞技体育是残酷且充满竞争的，但这些报道如同"清流"一般温暖人心、温暖世界，深刻诠释着友谊可以超越国界。

（二）网感先行，转变传播语态

奥运赛事解说是观众与体育比赛建立联系的桥梁，而传统电视媒体解说在新语境下如何突出重围是值得思考的问题。单一对比赛过程、比赛结果进行模式化的播报已不再适用，在本届东京奥运会上，电视媒体解说的话语表达有两方面可以借鉴。

一方面，使用具有网感的话语表达。这种语言风格一改往日的高维语态，以极具亲和力且通俗易懂的话语拉近与受众之间的距离。比如，由陈梦、孙颖莎、王曼昱组成的女子乒乓球团体在摘得冠军后，画面也切换到了观战团，解说员讲道："看台上的中国军团，放眼望去，也全是世界冠军。"面对德国乒乓球运动员波尔，解说员说："这次老将波尔第六次征战奥运会，虽然没有能够挺进八强当中，但是这十几年来也正是因为有这些优秀的选手和我们互相促进，因为对手永远是成就我们的另一只手，要谢谢这些老将，这些年轻的新秀，不断带给我们乒乓球呈现的最美的盛宴。"

另一方面，使用诗意化表达。诗词的运用无疑为奥运解说增添浓墨重彩的一笔，有助于我们在国际舞台讲好中国故事，传播中华优秀文化。央视解说员引用李白的"丈夫未可轻年少"来形容谢思埸和王宗源两位年轻运动员取得的优秀成绩；用"胸有惊雷而面如平湖"形容肖若腾在比赛时的泰然自若……当古诗词与奥运解说邂逅，当文化与体育完美结合，奥运赛事解说以富有感染力的话语打破了受众与媒体间的隔阂，获得了广泛传播。

（三）全面赋能，促进技术升级

人工智能技术的迭代发展为新闻业带来了无限可能，其中 AI 合成主播已应用于新闻传播领域。AI 合成主播可以 24 小时全天候在线播报新闻，拓宽了传统电视媒体的报道手段。央视新闻联合百度智能云打造了总台首个 AI 手语主播，从北京冬奥会开始，将全年无休地为听障朋友提供手语服务。同时，基于语音识别、自然语音理解等技术的驱动，AI 手语主播不仅可以报道冬奥会新闻，还可以及时地进行赛事手语直播[8]，带领观众感受冰雪运动的激情与热血。AI 手语主播的出现，在满足不同受众群体观看需求的同时，也充分展现了技术带给我们的全新体验。

现如今，新兴技术的不断发展在加速传统媒体转型的进程。在这种时代背景下，传统电视媒体应积极拥抱新技术，适应其带来的新变革，思考如何借助技术促进新闻传播业的发展、如何应对人工智能等技术带来的新挑战、如何做到人机的协同共生。对即将到来的冬奥会，传统电视媒体可充分利用 VR、AR、人工智能等技术，为体育赛事的转播增添新动能，更好地释放技术创新的驱动力，力求打造一场“精彩、卓越、非凡”的体育盛宴。

参考文献

[1] 彭兰 . 网络传播概论（第四版）[M]. 北京：中国人民大学出版社，2017：130.

[2] 同 [1]：133.

[3] 熊克成 . 从里约奥运报道看媒体融合进程 [J]. 新闻与写作，2016（10）：110.

[4] 蒋凌昊，孙一楠，谭天 .“出圈”与认同：传播裂变下的文化融合 [J]. 青年记者，2020（18）：15-17.

[5] 郝红霞，严三九 . 基于场景视角的央视东京奥运会融合报道策略探析 [J]. 中国广播电视学刊，2021（10）：123-126.

[6] 黄楚新 . 全面转型与深度融合：2020 年中国媒体融合发展 [J]. 现代传播（中国传媒大学学报），2021，43（08）：9-14.

[7] 姚治兰，王宇辰 . 东京奥运会报道的“热现象”与“冷思考”[J]. 青年记者，2021（17）：36-38.

[8] 中央广播电视总台总经理室 . 首个 AI 手语主播亮相，总台全力构建“5G+4K/8K+AI”战略格局 [EB/OL].（2021-11-24）[2021-12-19].https：//mp.weixin.qq.com/s/-wPhqZI5C8Z0pl2YFHyjFA.

快手平台中科普短视频的叙事结构分析

王薛（北京印刷学院）

【摘要】泛知识类短视频伴随着近年来出现的短视频形式发展迅速，其中生活技能类和科普类属于增长较快的两个品类。科普短视频是将生活知识、科学道理采取图文结合、情景演绎等多样的方式简单呈现，达到将科学知识融于短视频、知识门槛逐步降低的效果。本文主要根据就清博数据快手榜单综合2020快手科普大使的榜单，去除其中探店类、医学及科技产品测评等专业性的大类，综合选出前10位科普账号和前100条视频。通过对于视频、音频和文字三个方面的分析，得出目前快手中科普短视频的现状，即官方账号和个人账号差异大；文案偏向于夸张，话题活动不善于灵活使用；偏重生活知识，专业知识较少并通过对于其中问题提出相应的改进措施，即官方账号减少转载，以优质内容为王；加强与受众的互动，不能只重视视觉感。

【关键词】科普短视频；叙事结构；快手

一、研究背景

2021年6月3日，国务院印发《全民科学素质行动规划纲要（2021—2035年）》。其中提到，科学素质是国民素质的重要组成部分，是社会文明进步的基础。科学技术和科学普及是创新发展的两翼，因此需要将科学普及放在与科技创新同等重要的地位上。根据相关调查显示，2020 年我国公民具备科学素质的比例达到 10.56%，而发达国家如美国在 21 世纪初就已经达到 17%。相比来说，我国对于国民科学素质发展还需要进一步蓄力。

同时，2019 年第三季度科普中国发布的《中国网民科普需求搜索行为报告》显示，中国网民在第三季度的科普搜索指数为 11.02 亿，其中移动端搜索指数为 9.54 亿，是整体搜索的一大部分，也是电脑端的 6.45 倍。而移动端目前发展较快的应用当属短视频了。第 48 次互联网发展报告显示，截至 2021 年 6 月，我国网民规模达到 10.11 亿，其中短视频用户规模达到 8.88 亿，占整体网民的 87.8%。毫无疑问，2021 年上半年，短视频作为基础的用户表达和内容消费形式，贡献了移动互联网的主要时长和流量，成为互联网的基础用户。

在短视频中，抖音和快手是占比较大的平台。根据 2021 年快手应用第一季度财务报告显示，快手平台日活用户达到 2.95 亿，日均使用时长达到 99.3 分钟。快手平台也发起了如“快手百科全书”“寻找 1000 位科普达人”等专项计划，鼓励用户创作科普相关视频，贯彻落实提升用户科学素养的计划。根据快手平台科普视频叙事结构呈现特点、存在的问题提出的改进策略，成为推动科普视频制作、进一步传播和扩散的重要问题。目前，现有的研究对于科普短视频这个类别研究较多，但是就专门平台及不同类别的叙事结构研究较少。因此，本文旨在通过对于选取的样本进行视频、音频及文本三个部分的分析，对于目前叙事结构的现状、问题及未来改进策略进行探究。

二、概念界定

本文整体涉及的概念主要是就科学传播这个大的概念发展和转变历程，以及对于目前移动互联网时代伴随着短视频的发展衍生出的科普短视频进行发展历程和概念陈述，以明确研究的历史沿袭。现今网民规模在不断扩大，移动端上网人数占比在不断提升，要想贯彻新的国民素质提升计划，就需要借用现今比较受欢迎的应用和形式进行相关内容发布，以达到降低获取知识的门槛的目的，培养和提升儿童、农民、工人及老人阶层的科学素养。短视频作为主要受众介于20~40岁的新形式，在与科学知识组合传播过程中势必会发挥巨大作用。而这类型结合也是需要借鉴以往的相似类型的发展过程和发展形势，进行融合发展和进一步针对性和个性化的内容制作才可以达到期望的效果。

（一）科学传播

科学传播的概念目前在国内外都有相应的专家进行过定义，国外专家主要将科学传播定义为利用适当的方法、媒介、活动和对话，强调激发公众对于科学的兴趣和理解，并在公众和科学团体之间实现平等互动。国内科学传播的定义是科技知识信息通过时空的扩散，是不同个体实现知识共享的过程。科学传播作为科学知识和传播学结合的形式，在推动国家公民科学素养方面发挥着重要的作用。当然，科学传播伴随着新媒体社会的到来也产生了新的转变。

最初科学传播多是在政策要求下，官方研究机构通过大众传播媒体，制作相应的节目进行一些基础科学知识的传播。例如，央视的《是真的吗》《夕阳红之家有妙招》等这些节目都是对于一些常识进行科学的解释和说明，以达到知识传播的效果。虽然早期进行的科学传播类节目确实有让科学知识走进家庭的效果，但是整体知识可获取度和应用度不是很高。移动互联网时代的到来，受众被技术赋权，既是传播者，又是受传者，这也为科学传播的进一步发展提供了可更加切实和针对性的传播策略。科学传播也从传统媒体主导的传播转向了用户制作的软科学普及的现状，催生了科学普及中科普短视频形式的进一步发展。

总体来说，科学传播是指科学信息生产者（科学共同体、科学爱好者、科普作家），以及媒体、政府和普通公众等通过一定的方法和平台，对科学信息（包括科学内容、科学方法、科学思想、科学影响）进行双向或者多向交流的过程。科学传播的内涵伴随着时代的发展而不断丰富。科学的普及和传播不应该是一种目的，更应该被看作一种战略功能，对于科学传播内容来说是伴随着时间、形式和受众的变化而动态变化的。

（二）科普短视频

科学普及已经被放置在战略性的位置，对于如何进一步推动科学普及，提升国民科学素质成为贯彻科学普及最主要的问题。移动互联网时代，短视频俨然成了其中最炙手可热、最受到网民欢迎和使用的应用，科学普及和短视频的结合也是目前短视频中的一个重要分类。对于科普短视频的概念，2014 年中国科学协会对科普短视频进行了定义，是指“由机构或个人制作、版权清晰、无知识产权纠纷的，普及科学技术知识、传播科学是传播科学思想和弘扬科学精神为主要内容，时长在 30 秒至 20 分的小电影、动画片、纪录短片等视频作品”。因为这个定义距离至今已经有 7 年之久，短视频的时长定义目前也有了新变化。

因此，科普短视频可以这样被定义：“科学工作者、媒体、政府、普通公众等自主制作，以科学知识和科学思想为主要传播内容，时长在 30 秒到 10 分之间，以浅显的、易懂的方式进行交流和传播的一种短视频形式。”自 2016 年短视频形式进入用户的视线以来，短视频发展仍如火如荼，短视频的类型也在不断优化和明确。科普短视频作为科学传播的一个发展阶段或者科学传播的一个部分，在目前短视频的垂直门类之一的泛知识领域中占据着比较大的比重，对于国家政策要求的科学普及这个目标也在发挥重要作用。

三、样本框架分析

样本量的选取主要是结合快手十大科普传播大使榜单及清博数据中对于科普类博主排名进行综合选择，去除医疗领域以及美食领域的视频号，最终确定了十个科普快手号，见表1。

表1　10位科普短视频快手账号

序号	名称	序号	名称
1	戴博士实验室	6	科普中国
2	潘小美V	7	中科院中国科普博览
3	探索宇宙（锋轮）	8	科技公元
4	金十数据	9	Eye Opener 唯一
5	这不科学啊 science	10	飞碟说

因为这些视频号中视频数量大多超过100条，整体统计和分析数量偏多，因此从中选取了各个账号的点赞量排名前十的视频，获得了最终的100条视频样本。对于这些视频样本进行视频、音频和文字三个角度的分析。其中，视频层面主要是从视频的内容主题、时长、呈现形式、封面图及剪辑率等方面；音频主要是从解说方式、音乐形式等方面；文字主要是从运用话题数量和文案性质进行分析。本研究通过就视频的多方面数据进行更新，获取目前科普短视频的框架特点。

（一）视频层面

1. 内容主题

对于收集的视频样本的内容主题分为10个层面，各个部分在100个样本中占比差异较大。如图1所示，视频样本的内容类型主要包含生命健康、化学实验、宇宙知识、天文现象、逻辑推理、动物常识、军事科技、人文历史、冷知识及科学实验。从统计的数据来看，整体样本中各个类型的内容都有涉及，这也说明在科普领域内确实种类多样，不同领域的科普作者都在努力进行科学知识普及的工作。其中，占比较大的是冷知识，内容主要包含对日常生活现象的科学解释，如书本被水弄湿如何恢复原样，以及如何利用头发提炼出钻石、不值钱的货币等，都是对于大家一般不太关注但是又比较新奇内容的解释和说明。这部分内容的科普创作者个人运营较多，而这类型知识也是最容易上手和制作的，更容易获取受众关注和点赞。这部分内容专业性没有那么强，视频的制作业偏向娱乐的角度，因此这个部分内容处于所有类型的前列。

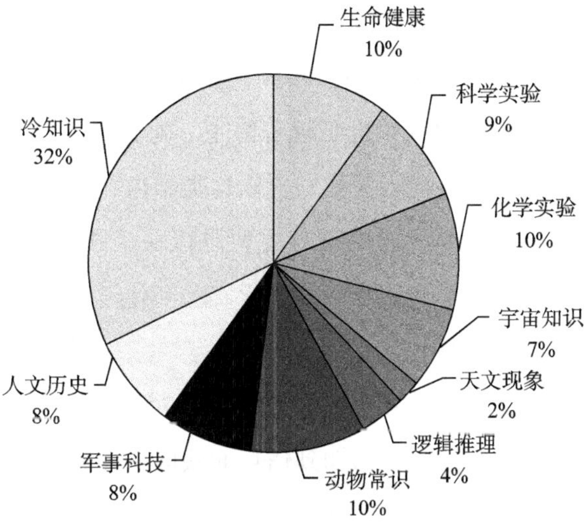

图1　内容类别

位列第二的主题是生命健康、化学实验和动物常识，这两个部分的内容主要是以动物相关的内容说明为主，如生活在地下的动物盘点、蜗牛到月球需要多久、不同动物眼中的世界等。这部分视频主要集中在一个数据可视化的账号中，这类型账号主要是以数据收集和呈现为主，对于动物类型的科普知识的呈现可以拉近与受众的距离。受众可以清晰且不用过多解说就能获得其中的知识，并留下较深刻的印象。

对于生命健康类型的主要是就个人日常习惯是否会影响自身健康进行陈述。

比如，掰手指到底会不会伤关节、脊柱压力测试等。这类型的内容因为和人们的日常行为和利益相关，在刷到相关视频时人们往往会点击进去查看。因此，这类型的视频也是科普博主。尤其是在快手平台中，受众年龄偏大，对于自我健康相关极为关注，所以这类型内容也较多。

化学实验的部分主要是以一个账号的内容为主，如“戴博士实验室”，这个账号主要展示一些化学实验和化学现象。因为本身定位就是这个类型的内容，所以账号内几乎所有的视频都是一些实验进行过程。点赞量比较高大概率是因为化学实验本身的神奇，同时对于用户本身来说，观看的同时确实可以获取相关化学知识，感知到信息的获取会下意识对于视频进行点赞。

关于科学实验的内容主题，“这不是科学啊 science”账号本身就是立足于使用科学实验解释一些生活的常识，或者将一些科学知识应用到生活中。例如，乒乓球逆流而上、沙子中找球、制作可乐冰沙等都是生活中可以实际操作的一些小实验，但其中又有一定的科学知识支撑。军事科技这个类型主要是就国家的科技发展，如“嫦娥五号”“天问一号”和火星探测器的发射过程还原等。这类型的内容因为是关于国家硬实力，用户出于对自己知识的补充也会进行了解，并乐于点赞。人文历史部分主要是就人类历史和远古部分及人类面对的灾难等进行解释和说明。这个部分涉及的内容很难通过一个短视频就能让受众深入了解，所以这类型视频一般只是就表层的知识进行普及。

宇宙知识主要是围绕“NASA”“宇宙可怕的事实”等针对性的文案进行归类，对其他星球内容的说明和解释。逻辑推理部分的内容主要是根据一段视频或者图片推测所在地点。这类型视频中不论是解说还是视频配图都是逻辑顺畅的，这类型视频占比较小，主要是因为我国这类型的视频在制作者较少，内容多是从国外搬运而来。天文现象在选取的视频中样本数量最少，是以日食这个部分的内容为主，点赞量不高主要是因为这个类别本身就小众，因此内容普遍也不会推送给普通用户。

2. 呈现形式与剪辑率

内容呈现方式依据既有的关于科普的文献及各短视频平台报告中的分类，结合收集样本将呈现形式分为7个类型，见图2。其中，占比最大的是二次创作这个类型，占比达到26%。这个类型主要是以转载的视频或者电影镜头进行片段组建以达到符合自己解说词的形式。这个形式在科普视频中占比较高主要有两个原因：第一是因为短视频中画面本身就是需要多样和快速切换的；第二就是对于一些科学知识，尤其是如冷知识内容中涉及各种奇闻逸事，是没有既有资料可以支撑的。二次创作可以将毫不相关的内容联系起来对于传达的知识进行说明，满足了本身冷知识的有趣性，观众也更喜欢多个画面快速剪辑的视频。

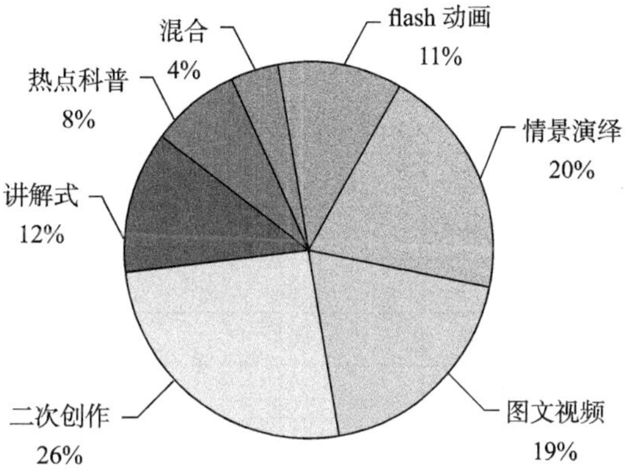

图2 呈现形式

位列第二是情景演绎形式，这个形式占比20%，主要是将一些生活中的常识或者一些商业故事等，用角色扮演的形式表达出来。这个形式不论是在科普视频领域还是别的领域，都是一个很亮眼的形式。这个形式进一步缩短知识鸿沟，呈现方式也更加直接。这个类型中有专门的博主就是以这个形式为主来进行科普活动的。位列第三的是图文视频的形式，这个形式占比19%，大多是对于宇宙知识如黑对黑洞相关知识的普及和说明。位列第四的是讲解式，这种形式占比 12%，主要是以专家或者从业者出镜讲解为主，其中以化学实验这个内容类型为主要对象。对于化学实验一般是化学实验之后就其中的原理进行普及。占比较低的是热点科普这个形式，占比只有 8%，主要是以天文现象为主要普及对象，还有就是会涉及国庆等节假日会有相关知识说明，见表 2。

表 2　内容主题与呈现方式

内容主题	flash 动画	情景演绎	图文视频	二次创作	讲解式	热点科普	混合
1. 生命健康	2		2	6			
2. 化学实验					10		
3. 宇宙知识			6	1			
4. 天文现象						2	
5. 逻辑推理							4
6. 动物常识		2	4	4			
7. 军事科技			2	4	1	1	
8. 人文历史	1		2	3		2	
9. 冷知识	8	10	2	8	1	3	
10. 科学实验		8	1				
总计	11	20	19	26	12	8	4

视频的剪辑率主要是以画面的组织为主，在选定的样本中，两个画面以上的剪辑率占到超过一半的比例。这一方面是因为短视频本身就要求在短时间内进行多样化的呈现，另一方面更多是因为用户创作内容在其中占比较大，创作内容剪辑率较高。之后的一个形式是单一画面，这一形式主要存在科研工作者或科研机构所在的账号中。这说明在科普创作领域中，个人与机构账号之间差别还是比较大的，由机构运营人员和个人运营之间专业度所致。见图 3。

3. 时长与封面图

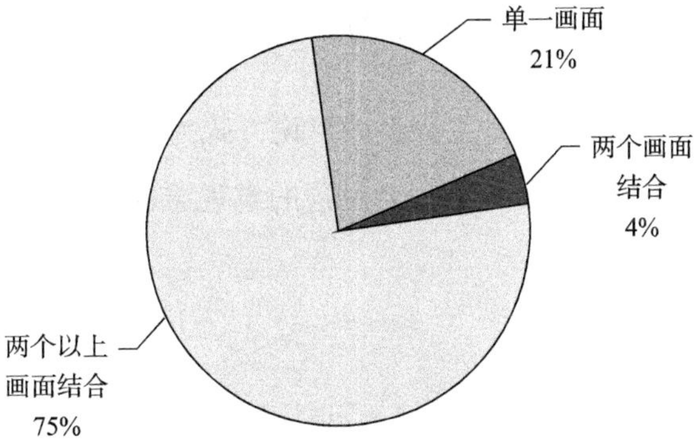

图 3　视频剪辑率

对于视频时长中占比最大的是 60 秒以下的视频，占比达到 43%，主要是因为短视频平台本身的性质在更新前要求将时长控制在 60 秒左右。见图 4。同时，研究证明时长较短的视频更容易获取受众的关注，时间过长其中的知识含量提升，会造成受众产生知识堆积的感觉。位列第二的是在 1~2 分钟的视频，这个时间段可以容纳更多的知识，也能够位于受众承受的临界点内。这部分视频中主要是以情景演绎和二次创作的作品为主，这也是时间较长的原因。这两种形式要呈现一个知识点，就需要每个画面不断结合，时间较短可能会使一些知识或者场景表达不到位。位列第三的是 3 分以上的视频，这个部分其实也突出科普短视频的一个特点，就是以最短和较长视频为主，居于中间的 2~3 分是最少的。对于较长视频一般是以逻辑思维推导、火箭升空等相关内容为主。这种类型的内容本身就需要详细且长时间的内容组织，主要是依照内容解说需要的时长来控制的。

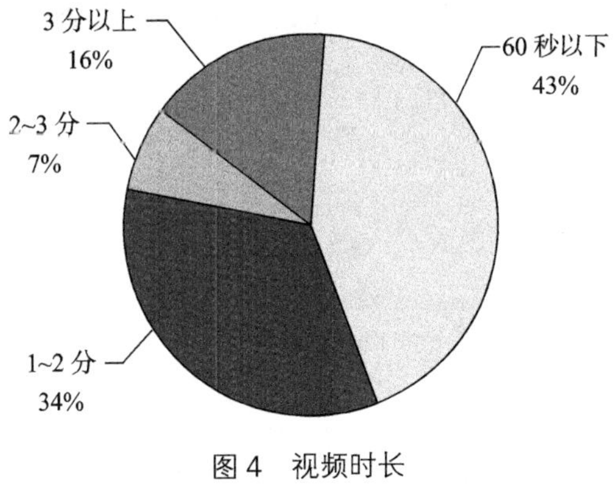

图 4　视频时长

（二）音频层面

音频层面主要是以解说方式为主，通过字幕、原声和旁白三个类型进行的随机搭配来确定各个视频的解说方式，见图 5。其中，占比最大的是“字幕 + 旁白”的形式。因为科普短视频以视频剪辑和内容传播为主，内容的传达就要有旁白解说。占比第二的是“字幕 + 原声”的部分，也就是说字幕和现场原声。这部分大多是以情境演绎为主。这个类型就算是有画面的真切场景还原，也还是要有字幕进行辅助说明，使受众对于画面的理解有进一步的辅助作用。只有字幕的形式大多是以数据可视化汇总为主，这类型短视频不需要有旁白说明，只需要加上字幕（每个部分的数据图）进行说明。最后，就是没有解说的，一般就是做化学实验只有简短的实验过程，没有字幕辅助，只是为了呈现实验的过程。

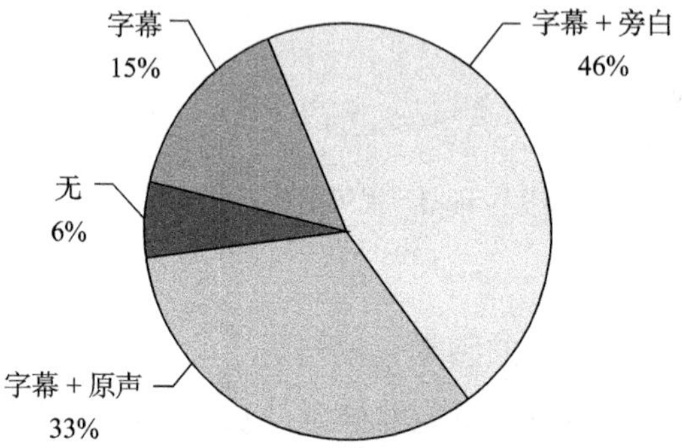

图 5　解说方式

四、现存问题

（一）官方账号内容重合多，画面单一

根据对于前 10 位账号的属性进行观察发现，官方机构如科普中国账号内容既呈现出了以转载视频为主及单画面的形式，也出现了点赞和评论之间的差异性。选中的样本中点赞都是 10 万以上的，但是评论数量普遍居于 1000 以下。

其实，这也说明官方账号会有对于自己视频的推广行为，但是实际上受众数量及对于真正知识传播的效果是不理想的。官方账号作为需要贯彻政策的直接体，应该是科学普及和传播的中流砥柱。内容生产上主要是以转载网络相关视频为主，以选定的样本看原创内容占比很小。同时，还有一部分没有标明视频来源，对于直接转载的视频没有任何自我账号内容和定位的改动。进一步说来，视频中的字幕设置一般都是在视频的下端，常常被文案等系统设置的内容遮挡住，进一步拉远了与受众之间的距离。

有些账号主体是专业的科普工作者，如连续几年获得科普传播大使并在央视有相关报道。这类型的主体账号视频主要是以单画面或者两个画面的实验为主，对于化学知识有更清晰化的呈现，对提升受众获取知识有一定的效果。但是整体视频呈现出了相似性，如以多种溶液之间发生变化改色及牙膏发生变化产生泡沫会一飞冲天这个实验在收集的样本中都是有重合的。这种类型的视频确实是具有专业性的，但是内容同质性比较高，这也是专业科研学者面临的一些问题。

有关个人账号，内容首先是没有重合的部分，使用的剪辑率几乎都是多个画面的。收集到的多个账号之间的定位也是不同的，有的以情景演绎的形式陈述一些生活常识和冷知识，有的就数据可视化进行视频转化呈现等。这些个人运营的账号因为本身就是靠“粉丝”的点赞量和播放量出圈的，所以内容上多是以目前的热门知识、将人家关注或者感兴趣的知识放在了首位。视频之间发布时间间隔也比较短，这说明作为个人短视频博主为了维持本身账号的热度需要利用优质内容保持受众的活性和黏性，以提升账号本身的点赞数和“粉丝”数。同时，就封面图来说，个人账号更倾向自己制作，但是官方账号一般都是自主生成。个人账号封面图中的文字也有很大区别，官方倾向较小的字，没有相应的设计和吸引受众的需求；个人账号则会熟练使用封面上的文字，一般是采取色彩丰富或者文字和底图对比度较大的文字，对于视频内容进行简洁、直接的说明，吸引受众的关注和点击。

（二）文案偏向使用夸张标点，不善于灵活使用话题活动

对抽出的样本进行文案收集后发现，所有的文案中表达惊叹的文字占比只有7%，但是几乎所有的标题中都出现了感叹号。也就是出现了“标题党”的情况，而且这个现象是普遍存在的。对于这种现象为什么没有造成实质性的伤害，主要还是因为快手本身的短视频设置中文案一般在最下方，一般受众可能不太关注这个方面，这是平台本身的普遍现象。不只是文案，封面图中一般也会采取比较怪诞的文字。在知识的普及中，也存在这些以受众比较容易点击的内容，专业化的知识不是很多，可能主要考虑的是对受众科普和科技素养提升的效果。

短视频平台一般会推出相关的话题进行政策普及，但是根据话题数量的统计，官方账号对于话题及流量推荐之间的关系并不敏感，这也造成没能灵活使用平台内的活动，为自己的作品注入流量，或者没能让更多的受众的关注和点击，阻碍作品的进一步传播。这对于“戴博士”这个账号很明显。每个视频的话题量都是以自己的活动为主，没能利用平台的各种活动话题来获取流量，赚取观众的播放。相比较而言，个人账号对于这类型活动感触更直接，不仅会在热点科普时善于使用新的话题，并且每个视频的话题都不会有很大的重合度，以进一步保证自己的视频在推荐和获取流量上占有优势，见图6。

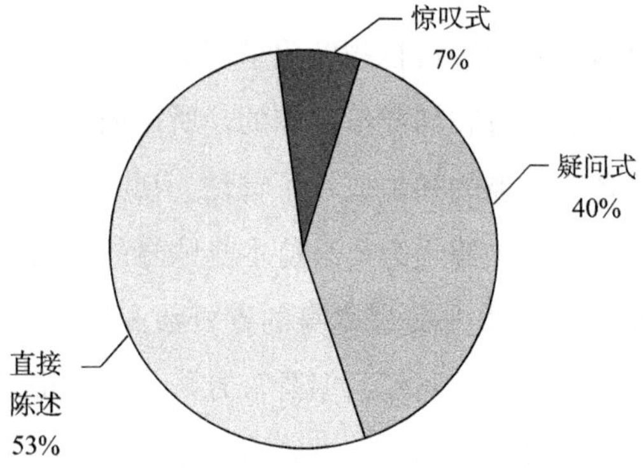

图6　文案性质

（三）内容偏重生活知识陈述

整理内容主题过程中发现有关天文宇宙这类型的内容比较少，原因可能是快手中的主要受众对于这类型知识不感兴趣，或者是受众由于种种原因对宇宙相关账号缺少关注。同时，个人账号多是以生活中的冷知识为主，解说词也是以简单陈述和解释为主，没有过于深入的知识。同时，就物理或者化学这样专业性的知识在讲解时都难逃学校教学方式的影响，这也是这类型视频没能获取大量关注和支持的原因。

五、优化策略

（一）官方账号减少转载，以优质内容为王

官方账号在科学素养的提升和泛知识的普及报道中发挥着重要的标杆作用，因此官方的一些科普账号可以熟练使用如年度报告这样的统计方式，对于科普领域中处于传播盲区的专业化的知识进行讲解和传播。对于传播的形式需要增加多样性，对于热点内容需要及时抓住流量密码，在热点期进行相关科学普及活动。对官方账号来说，转载行为中不重视版权的行为是不可取的，可以转载更加优质的内容来推动官方账号的“粉丝”量和点赞量，但是在转载中需要注意对于版权的保护，在科普过程中需要树立起强烈的版权意识，保护个人创作者的权益。同时，需要增加对于新媒体特别是短视频平台的人员队伍建设，努力提升视频的创作质量。作为一个主流账号确实可以是多样化的内容展示，但是其中需要有自己的独创，有对自己账号定位的考虑，这会对后面的理性发展更有利。

（二）加强与受众的互动，不能只重视视觉感

个人账号在内容的选取上比较生活化，降低了科普视频的科学性。这对于账号本身的流量确实是稳妥的，但是对进一步提升国民科学素质是不利的。因此，在视频内容选取上，应该在满足受众视觉感受的基础上，进一步提升内容的深度，利用新颖的形式，传播科学的概念，进一步降低知识门槛。内容选取上，可以将专业化和生活化相结合，将以浅显内容开篇转换为以深度的知识开篇，不再用惊叹的、怪诞的语气及宏大感叹的画面吸引受众。

对于官方账号说来，需要注意平台的激励计划和话题规则，善于使用平台热门歌曲并用及多个话题加持，增强视频的流量和关注度，真正成为科普视频的关键影响者，在推动国民科学素养提升中发挥关键作用。另外，在内容主题的选取和解说方式上要作出合理的规划，应巧妙利用平台运营规律，在保障活动安全的情况下发起挑战或模仿活动，提高科普视频在平台的传播影响力。

参考文献

[1] 中国科协科普部，百度品牌数据中心，中国科普研究所．中国网民科普需求搜索行为报告（2019 年三季度）[EB/OL]. [2019-12-27]. https://www.crsp.org.cn/uploads/soft/1912/7-19122G55618.pdf

[2] 中国互联网络中心．第四十八次中国互联网络发展状况统计报告 [EB/OL]. [2021-08-26]. https://n2.sinaimg.cn/finance/a2d36afe/20210827/FuJian1.pdf

[3] 中华人民共和国中央人民政府．国务院关于印发全民科学素质行动规划纲要（2021—2035 年）的通知 [EB/OL]. [2021-06-03]. http://www.gov.cn/gongbao/content/2021/content_5623051.htm

[4] 徐萌．疫情语境下医学科普短视频大众化传播策略创新——以“丁香医生”抖音号为例 [J]. 传媒，2020（18）：38-40.

[5] 杜亚丽 . 抖音高热度科普短视频内容生产研究 [D]. 北京：中央民族大学，2021.

[6] 潘星宇 . 科普类短视频“回形针 Paper Clip”的内容框架研究 [D]. 大连：大连理工大学，2021.

[7] 马奎，莫扬 . 科普类抖音号分析研究——以 21 个传播影响力较大的科普抖音号为例 [J]. 科普研究，2021，16（01）.

[8] 李延芳 . 科普类微博传播影响力及传播策略研究 ——基于社会网络分析法 [D]. 太原：山西大学，2019.

"沉浸式"短视频的声音传播：原因、特征与发展趋势

汪黄宁（北京印刷学院）

【摘要】本文分析了抖音上5个播放量在千万左右的"沉浸式"视频内容和244条有效视频的网络评论，初步探寻了生成此类视频的原因、特征和发展趋势。研究发现，沉浸式短视频借助自发性知觉经络反应灵感，迅速兴起并赢得了大批的用户，成了当下最炙手可热的新兴媒介形式。用户从中构建了身份认同并获得享乐型消费。同时，作为一种近年来新兴的热门传播内容，沉浸式短视频为我们思考声音传播的未来发展趋势带来了许多有益的借鉴。

【关键词】沉浸式；声音传播；身份认同

沉浸式内容创作的灵感来源于ASMR（Autonomous Sensory Meridian Response），译作"自发性知觉经络反应"，是一个用来描述感知现象的新词汇。它的特点：对视、听、触、嗅觉或感知的刺激，使人在头颅、头皮、后背或身体其他部位产生一种独特的、令人愉悦的刺激[1]。所谓沉浸式，就是通过人们的感官经验和认知经验来创造气氛，使参与者享受某种状态。沉浸式短视频具体表现为没有背景音乐、没有旁白，博主本人只做事、不说话，观众只能

听到做这件事本身的声音，如敲击声、撕拉声、流水声等。在抖音上，“沉浸式 ××”的话题包括沉浸式化妆、沉浸式护肤、沉浸式嗦粉、沉浸式骑车……其中，沉浸式化妆的话题播放量最高，达到 64 亿次。小红书上还出现沉浸式撸猫、沉浸式开箱、沉浸式做饭、沉浸式洗头等多个沉浸式词条，与“沉浸式”相关的笔记超过 22 万篇。

一、研究问题与研究方法

（一）研究问题

本文研究的主要问题：沉浸式短视频为何能在全网广泛传播，它满足了受众哪些需求？

本研究以抖音上最具代表性的 5 个不同类型的沉浸式短视频为例：沉浸式回家、沉浸式乐高、沉浸式护肤、沉浸式收纳、沉浸式化妆，其视频热度一直稳居前列，成为具有代表性的研究对象。

（二）研究方法和研究对象

本研究的分析对象是沉浸式视频文本和网络受众评论，使用质化与量化相结合的研究方法。具体而言，在视频文本方面，本研究选择的是 5 个不同主题下点赞量最高的沉浸式短视频，点赞量均过百万。在受众评论方面，各选取了上述 5 个视频下的前 100 条评论，共 500 条评论，其中有效网友评论 244 条。5 个视频的研究分析具体情况，见表 1。

表 1　5 个沉浸式短视频的基本概况

视频名称	视频时长	上传时间	点赞量
沉浸式回家	0：01：31	2021.8.26	241.6 万
沉浸式乐高	0：02：10	2021.8.21	199.6 万
沉浸式护肤	0：04：19	2021.7.16	21.3 万
沉浸式收纳	0：01：19	2021.8.27	160.4 万
沉浸式化妆	0：04：10	2021.6.12	161.1 万

二、研究发现

（一）视频文本分析

如表 1 所示，沉浸式短视频在抖音的沉浸式主题下均达到上百万的播放量，拥有广泛的受众群体。此类视频标题仅直观说明视频内容，无多余描述性话语。视频内容的声音要素可分为人声语言和动作音效两大方面。

在人声语言方面，视频以轻声独白为主，主要包括动作步骤环节讲解、使用物品的介绍说明和与观众的互动交流等。其声音较为轻柔、语速缓慢，具有很明显的气息声，像是有人在耳边低语。

在动作音效方面，视频主要包括物体触碰的声音。在特定场景中，用器具或手触碰场景中摆放的物体，物体间碰撞发出不同的音效。比如，开灯的声音，往杯中倒入水的声音，触碰盒子的“咚咚”声，拍脸的“啪啪”声，这些是偏尖锐的声效。而还有一些是偏平缓的声效，如洗脸时揉搓的声音，化妆刷和粉扑等柔软物扫脸的声音等。这类声音更具立体感，能拉近与耳朵间的距离。一般在一段视频中，平缓和尖锐的音效交叉出现，通过不同频率声音的调和以适应多种受众群体的偏好。视频的内容特点分析，见表 2。

表 2　视频内容特点分析

声音要素	呈现方式	内容形式	主要特点
人声语言	独白、对白	环节讲解、使用物品的介绍说明和与观众的互动交流等	声音较为轻柔，语速缓慢。有很明显的气息声，像是有人在耳边低语
动作音效	物体触碰	特定场景中，用器具或手触碰场景中摆放的物体，物体间碰撞发出不同的音效	有些偏尖锐，有些偏平缓。声音交叉出现，通过不同频率声音的调和以适应多种受众群体的偏好

（二）受众评论分析

对 244 条有效视频评论进行分类汇总后发现，人们对于视频的选择是出于自身的心理满足和情感需要，以主动的、有意识的行为来接触媒介。通过分析评论可知，沉浸式短视频通常可以满足表 3 所示的三种感受。首先，“喜欢、舒爽解压”占比例最高，舒爽解压、获取愉悦享受为受众最主要的观看需求。受众通过声音的触发形成感知上的刺激，让人产生一种生物电流。当电流通过神经时，可以在颅内、头皮、背部或身体其他范围内产生一种独特的、令人愉悦的体验。人们能够感受到身心压力的释放，并且达到解压助眠的效果。其次，是“被种草”的感觉，这是指受众对视频中所出现的物品的吸引和消费，跟着博主的动作和思想，去真正感受物品使用的好处和便利。最后，占比相对较低的是“代入感很强”，这类评论通常认为这种中高频的声音真的让人身临其境、深入其中。从上述视频内容分析可知，在视频博主所处情景中，受众可以通过声音的传递让自己体验到新的场景。借此，人们可以暂时抽离现实环境，进入新的感官世界并在新的听觉空间中做短暂调整。通过声音来获得愉悦也被看作一种冥想的方式，即当个人通过将注意力集中在某个刺激点上，会暂时忘记现实烦恼，专注声音带来的新体验，从而得到不同的情感满足。

表3　网友评论总结

内心感受	出现次数	所占比例
代入感很强	70	29%
喜欢、舒爽解压	95	39%
被种草	79	32%

由此可见，沉浸式短视频内容给予了受众更多的边际效益，使受众得到了高于预期的体验。因此，在这类高回报、易获取的视频内容上，受众一般会更愿意继续选择和使用。沉浸式短视频以此不断增强受众群体黏性，形成更稳定的文化圈层。

三、沉浸式短视频兴起的思考与分析

（一）原因

1. 技术融合的契机

沉浸式内容是受 ASMR 的启发所创作出的有声视频内容。其专用设备，一般是一个立体式的麦克风、专业声卡和话筒放大器。这些声音设备将声音聚集在一个密闭空间，有效隔绝其他噪声干扰，使传达的内容更具接近性和临场性，给受众极佳的观感。如雷声、采耳、洗头、耳部按摩等，在仪器的转码与处理下，戴上耳机就能感受到与现实采耳、洗头、耳部按摩等相辅相成的效果。伴随着技术的革新及设备的升级，沉浸式专用设备能最大限度地发挥声音捕捉所带来的刺激感，满足受众对声音的沉浸式享受，使其在听觉空间里进行感官漫游。

2. 视觉传播的饱和

这是一个充斥着图像并依赖图像的时代，更是一个可以将任何非视觉性的事物图像化或视觉化的时代，视觉性占绝对主导。在此背景下，图像无所不在，观看可随时随地进行；图像趋于泛滥，视觉趋于饱和。

这个视觉至上的时代，听觉的发展趋势似乎随之减弱。但是麦克卢汉认为，重新回到类似部落时代的“地球村”时，人们所经历的最大变化就是从眼睛到耳朵的过渡，也就是听觉空间的回归[2]。听觉传播能够打破视觉传播长期以来的霸权地位，恢复人类的感官平衡。在网络世界中，在新技术革新下，视觉传播形式分裂式扩散，增强了视觉图像的主导地位。但是由于其中充斥着大量同质化的内容，以及追逐夸张、冲击的视频，会让人产生抵触和审美疲劳。这时以听觉为主导的视听传播的出现，能让人们感到耳目一新。

3. 社会高压下的依托

从表 3 可以看出，沉浸式短视频的兴起体现出人们对声音带来的舒适感的极力追求。这也反映出人们存在生活压力过大的现状，全球成年人群体中有 60% 以上存在睡眠问题。睡得晚、睡不着等一系列睡眠问题正困扰着当代人，现代人的睡眠危机越来越严重。而大多数成年人认为睡眠对整体健康和幸福感存在显著影响。因此，如何解决失眠问题也是网络上频繁引起热议的话题。在这种背景下，沉浸式短视频独特的声音传播帮助人们解压助眠，引导思绪从焦虑中走出来，从而暂时缓解压力心理，满足受众需求，成为当下快节奏生活的一种慢体验。这种对放松和享受感的满足，也是缓解压力的另一种选择。在声音“钻”进听者耳朵的过程中，受众感觉到更近距离的体验，这是一种能够有效让人暂时脱离现实世界、单纯专注自身体验的解压方式。

（二）特征

1. 构建身份认同

“沉浸式”作为 ASMR 的一个分支，是一种去影像化的 ASMR。本来以为没有视觉画面会降低内容的吸引力，但实践表明人们对内容筛选的标签往往只是内容本身：喜欢采耳声、洗头声、下雨声助眠的人，可以通过音频的命名快速搜索到自己喜欢的内容。在符号泛滥的视觉时代之外，声音的传播带给人们一片宁静。人们可以感受到听觉带来的新体验：ASMR，柔和的低频声音的声谱结构与普通声音不同，它能激发人脑的认知反应，使人可以通过双耳感知空间的声音。在这立体的空间中，观众可以感觉到声音出现在耳边或背后，具有较强的在场感。

在社会交往中，用户通过听觉享受，寻求归属感，获得群体认同，获得文化认同；与此同时，它们又以表演者为镜，通过视觉符号景观和独具一格的风格呈现，形成差异和自我认同。正是在这种视听觉的双重体验中，用户更容易产生“进入”和“存在”的感觉，其传播的视频也更容易引起他人的情感共鸣。因此，在表演和观看过程中，传受双方都更容易产生“进入”和“在场”的感觉，通过情感连接进一步加强对“沉浸式”群体的情感认同。

2. 获得享乐型消费

在“流量为王”的时代，任何一场以互联网平台为载体的表演，背后都可能有相应的盈利模式。比起先前可视化的 ASMR，新一代的沉浸式内容与人们的消费偏好相适应，能减少被画面夺走的受众注意力和创作注意力。沉浸式内容与带货生态进行了一次又一次的碰撞，人们能够在沉浸式内容中获得更多的替代型享乐消费。

沉浸式内容无疑是安静版的带货，通过真实使用、近距离展示等“基本操作”，赋予受众自行解读、自我营销的权利，也允许很多人拥有安静、纯净的网购体验。消费者在心理获得满足的同时，身心也得到了放松。它除了提供体验感，还能够让受众获取销售体验与产品。

（三）趋势

1. 沉浸式内容催生“耳朵经济”

在沉浸式短视频中，带货的性质某种程度上使沉浸式内容无法归属纯粹的“耳朵经济”，然而脱离画面后我们发现，那些悦耳的声音仿佛变得有些不知所云，代入感也大打折扣。我们不否认沉浸式内容对内容生态延展和带货的作用，但也必须承认抛去画面仍能使人拥有在场感的沉浸式内容，方能算是优质的、难以被替代的“耳朵经济”的产物。

优质的沉浸式内容是“耳朵经济”的重要组成部分，它不是纯音频内容，而是在视觉享受的同时用听力来消费信息内容的方式。据新抖数据显示，抖音账号“张喜喜”在沉浸式嗦面的视频中上架食族人的豆干重庆小面，已经卖出 2200 份，销售额超过 7 万元；“丑姐不丑”的沉浸式卸妆视频关联某卸妆油产品，新抖数据显示已经带货 1880 份，销售额超过 22 万元。沉浸式视频用更丰富的形式展现给消费者，刺激感官共振，带给用户更丰富的体验，也给不少创作者带来商业变现的机会。

在“眼球经济”饱和的时代下，在用户的不断创新和优质内容的加持下，更多元化、更垂直化的沉浸式内容在吸引着不同年龄层的群体，“耳朵经济”的潜在市场被挖掘了出来。

2. 沉浸式短视频的网络迷因

道金斯认为，伴随移动终端的普及和社交媒体的发展，“迷因”对文化传播的主导作用完全凸显出来。当下的网络用户不仅热衷于自由地生产和传播新的内容和信息，还可能随时对既存的信息内容进行二次编辑和修改，解构和重构信息后再次传播，这便是“网络迷因”[3]。

从此角度看，沉浸式系列短视频在网络空间中所呈现的文本形式是具备网络迷因的性质的，它在横向扩展的注意面中挖掘出了纵深的一种新的网络迷因。创作者们对内容保持原样或对文本加以改造或延伸，丰富形式文本，在不断重复与重塑这一网络迷因下，在各大社交媒体平台的“用户生产内容”（UGC）机制下，重新编辑改造后的网络迷因便形成了大规模传播。因此，盲目模仿、刻意追梗，同质化内容——沉浸式吃火锅、吵架、遛狗，甚至是咆哮式化妆等网络迷因实现了井喷。传播主体不断丰富，传播形式逐渐多样。虽然它们的核心还是为了建构一种认同，但更多是模仿、分享，以一种戏谑的方式来表演和娱乐生活。

四、结语

马歇尔·麦克卢汉曾提出“媒介即按摩”的戏称，随着新媒体的发展，媒介给人类社会的发展带来了一次次飞跃，给人们生活带来一种全新的体验，也让人们沉浸在各种繁杂的信息中。每一种媒介带给我们的是一种感官与心理上的“按摩”。在这样一种“按摩”中，我们的思维与行为也在不知不觉中发生变化[4]。

在线上，沉浸式视频热度不减。由于深入接触到用户体验的需求和强大的包容度，沉浸式内容也在不断拓展边界，拥有更多元的空间场景，给创作者带来新的指导，给用户带来全新的体验。它为创作者们打开了一扇可供"浅尝"但不"辄止"的大门，也许将来还会有更多创新内容触及、影响、改变用户的生活体验。

参考文献

[1] 樊昊，李牧，仇宇宁，杨波．自发性知觉经络反应的研究进展 [J]. 河南医学研究，2018，27（24）：4474-4475.

[2] 曾佳思．ASMR 声音传播的探索性研究：受众需求的视角 [J]. 传媒论坛，2021，4（05）：83-87.

[3] 田疆．迷因理论视域下的短视频传播研究——以"开瓶盖挑战"为例 [J]. 视听，2021（02）：127-128.

[4] 朱兵霞．"媒介即按摩"及其在新媒体时代的价值 [J]. 新闻研究导刊，2019，10（01）：92-93.

第二篇

国家形象与城市传播

国际盛会中国形象的立体建构
——以“第四届进口博览会”为例

闫波键（北京印刷学院新闻出版学院）

【摘要】2021 年 11 月 5—10 日，第四届中国国际进口博览会在上海国家会展中心成功举办。此次进口博览会（以下简称“进博会”）的成功举办不仅展现了中国市场的繁荣与活力，更展示了可爱可敬、谦逊谦和中国形象。在本次“进博会”中，中国形象的立体建构主要分为三层：第一层为中国成功举办好第四次“进博会”背后所体现的抗疫实力和中国力量；第二层是在“进博会”中所体现出的立体化、创新型的全景融合式的国际传播策略；第三层是使用“借船出海”策略，借助他国视角讲述中国见闻。

【关键词】中国形象；“进博会”；跨文化传播；中国智慧；靶向思维

“中国的发展离不开世界，世界的繁荣也需要中国”，这是习近平主席针对后疫情时代的世界局势所强调的大国理念。当今世界正处于百年未有之大变局，全球政治动荡、经济危机、灾难性气候等事件层出不穷，唯有构建习近平主席所提出的“人类命运共同体”，才能够实现全球的互利共赢，推动我国和世界的可持续稳定发展[1]。“进博会”已成为一个中国和外国的思想、政治、经济和文化等领域进行碰撞、交流与合作的关键机遇和平台，是中国坚持开放政策、同世界共享市场机遇及构建中国特色外交形象、向世界讲好中国故事的创新之举。

一、中国力量：抗疫实力与大国胸怀

“进博会”即中国国际进口博览会，自2018年开始每年举办一届，它是由习近平主席提出的世界上唯一一个以“进口”为关键词的世界性博览会。“进博会”的举办也是对中国新一轮高水平对外开放理念的落实，是全方位引进国外高新技术、产品、美食、贸易与资金等项目的必要之举。但在2019年年底新冠肺炎疫情大规模暴发以来，世界性大型盛会的举办也在逐步减少。纵观全世界，以英美为首的西方国家奉行所谓的“群体免疫”政策，使疫情进一步扩散与蔓延。中国政府从理性和科学的视角对于疫情进行分析，同时拥有“集中力量办大事”的社会主义制度的优越性及“举国同心抗疫情”的民族力量，最终将全国疫情处于可控范围之内，这才让中国拥有举办大型国际盛会的底气和自信。

中国特色外交形象的建构并不是说说而已，也不是“假大空”式的作秀宣传，而是用实际行动来展示大国的实力与担当。中国形象的建构其实在各国和各大企业决定或者有意向参加“进博会”时就已经开始展现，无论是从“进博会”官网的参展商报名、线上展览馆，还是中国科学的防疫政策、优秀用心的场馆布置及媒体宣传等，无一不在展现中国良好的形象和大国的实力。对于外国参展商和外国友人而言，这是一次无声的宣传，也是中国形象立体传播的第一层，即将中国“低调、成熟、智慧、包容”的外交形象以“润物细无声”的方式深入人心。

二、全景融合：创新性、立体化的中国特色国际传播策略

正如学者吴瑛等人所言："国家形象的建构不仅需要他国的认同与肯定，也需要本国对这一形象由衷的赞同，国家形象是在两者交互中形成的。[2]"首先，习近平总书记提出的四个自信——中国特色社会主义道路自信、理论自信、制度自信、文化自信就是中国人民对于自己大国形象的完全认同。其次，关于他国对于中国外交形象的认知具有长期的刻板印象，被国外媒体所塑造的拟态环境所影响，难以在短期内改变。因此，我们要通过长期、柔性的方式进行努力，而传播恰恰是最为关键有效的一环。"进博会"中的传播手段不仅展示了中国开放、包容的外交形象，也是将中国声音向世界传播的一次良机。

（一）奠定基调：习近平主席进行开幕式演讲

在针对以往如何讲好中国故事、如何建构中国形象的研究中，许多学者提出各大主流媒体应转变传统语态，以幽默的话语进行对外传播。同时，从近年来各大国际会议中不难看出，习近平主席的讲话一方面兼顾政治严肃性，另一方面也增加了亲切的话语及令人印象深刻的金句。例如，在 2021 年第四届"进博会"开幕式中，习近平主席在其"让开放的春风温暖世界"的主题演讲中提及了"言必信，行必果""见出以知入，观往以知来""孤举者难起，众行者易趋"等金句。这些金句既让整篇演讲亮点频出，也展现出中华民族深厚的文化底蕴和历史内涵，为接下来"进博会"的举办奠定了开放自信、谦逊可敬的基调。

（二）“万有引力”：中国市场吸引多元化参展商

诚如习近平主席所言：“要把中国的制度优势、组织优势、人力优势转化为传播优势。[3]”在与疫情长期共存期间，我国所展现出的抗击疫情的实力和自信就是对全世界最好的传播话语。中国的改革开放政策和巨大的、活跃的贸易市场作为一种“强磁力”吸引众多国外不同品牌、不同种类的参展商前来参加。例如，服务贸易展区的英国渣打银行和法国的智奥会展集团、汽车展区的德国保时捷汽车和美国特斯拉电动汽车、农业及农产品展区的新西兰蓝河羊奶粉和韩国好丽友集团、消费品展示区的丹麦乐高公司和瑞典宜家家居、技术装备展区的日本三菱重工集团和美国英特尔集团等。中国不仅为众多品牌提供广阔平台进行贸易合作，还吸引了掌握高精尖技术的科技企业在中国投资建厂或者进行技术项目的合作，以此来解决我国的技术难题。与此同时，中国以5G、移动支付、高速铁路、大数据、新能源充电桩、人工智能等技术为代表的新型基础设施建设，也为广大参展商提供了技术保证和服务支持。这使第四届“进博会”以海量国家和品牌参展商、完备的新型基础设施建设、高精尖技术的初次亮相及开放包容的市场平台成为最强力的中国品牌传播特色，对海纳百川、低调可信的中国形象又一次无声传播。

（三）央视背书：全球“进”货季助销“进博”好物

直播带货作为处于中国当前互联网风口的新业态，是将中国互联网新技术与电子商务的创新结合。根据艾瑞咨询发布的2021年中国直播电商行业研究报告显示，2020年中国直播电商市场规模超过1.2万亿元，直播电商用户也已经达到3.88亿人[4]。这足以显示出中国用户巨大的购买潜力和欲望，也代表中国的直播带货行业正在一步步趋向成熟与稳定。在全球疫情仍然严重的局势下，线上购买也成为广大用户的普遍选择。作为新型主流媒体的央视频道，也敏锐洞察到这一机遇，并充分积累此前央视主播朱广权和“带货一哥”李佳琦的“小朱配琦”组合所举办的“我为湖北来带货”公益专场的成功经验。两场直播总销售额达 1.32 亿元，货品种类丰富多样，有马来西亚咖啡、泰国椰青、日本和韩国的美妆产品、南非护肤油等。其中，在推荐阿富汗的松子时，央视普什图语主播陈重穿着阿富汗民族服饰向大家进行推荐，展现了深厚的中阿友谊。这次直播带货活动不仅再一次展现中国市场的潜力和机遇，以及中华民族真诚友善、大而可亲，同时也展现出中国“穷则独善其身，达则兼济天下”的胸怀与担当。

（四）第一视角：Vlog 成为世界网民的“望远镜”

因为疫情及路程原因，很多外国友人无法到达现场参观展览，所以第一视角形式的 Vlog 就成为各大媒体广泛使用的视频形式。除了以国外用户为主要受众的媒体，中央电视台、新华社等媒体也将新闻报道翻译成各国文字进行广泛传播。此次关于“进博会”的 Vlog 主要分为两类：一类是以官方媒体的专业记者所发布的 Vlog，如中国国际电视台记者的打卡“进博会”Vlog 等；另一类是由参展商、志愿者或观众等“业余记者”所拍摄的 Vlog，如李佳琦、西门子电器官方等发布的逛游“进博会”Vlog。官方媒体也将平民化视角拍摄和讲述的视频进行翻译转载到外网，让外国网友足不出户就以第一视角逛遍“进博会”。Vlog 以其沉浸视角和生动语态让外国网友深入了解中国现在的生活现状及繁荣盛况，用真相来逐步改变长期以来西方对中国形成的刻板印象。

（五）主动发声：强化议程设置能力，牢牢把握国际话语权

新媒体环境下的议程设置理论已经不是单纯地对媒体传播效果的揭示，而是在“地球村”的传播格局下进行嬗变。全球传播的话语权和议程设置能力与每个国家的综合国力息息相关，但目前全世界的传播话语权仍然被西方欧美国家掌握。面对外国媒体所伪造的拟态环境，中国主流媒体利用国际传播媒体矩阵和初步建立的多主体、立体式的大外宣格局主动发声，以漫画、文字、视频等多元形式向国外受众传播中国新闻，不断扩大习近平主席所提出的“知华友华的国际舆论朋友圈”。在本次进博会中新华社、《人民日报》等主要外宣媒体主动发声，以高频率、高质量、高效率的新闻传播机制向海外传递本次“进博会”的盛况。每一次国际性盛会都是宣扬中国形象的重要机遇，一定要利用好全世界聚焦下的聚光灯，不断加深中国可爱可敬、和善有礼在海外用户心中的大国形象。

（六）专属网站：靶向思维下的全球视野

“进博会”作为一项全球人民、品牌和国家共同参与的博览会，首先要做到的就是简化、便利参展商的申请流程。“进博会”在每一届都会有专属网站来让参展商获取最新的即时信息。同时，新华社也会为“进博会”打造专属网站和线上展厅，并且拥有德语、法语、西班牙语、韩语、日语及俄语等多种版本，方便海外网民更好地深入了解“进博会”。同时，新华社、央视网等新闻网站和 App 不仅在“进博会”期间提供外语版，而是常态化提供外语版更新并且在不同版本中加入相应国家的交流板块。当今世界已经成为麦克卢汉所言的“地球村”，并且全世界正在通过新技术以更加紧密的姿态联系在一起，海外用户不只是通过媒体来获取信息，他们还会主动寻找信息并获取信息。本次“进博会”

的分众化网站就是对海外用户的迎合，在主动获取和被动接受中不断改善中国在他们心中的“旧”形象。

（七）专题策划：不仅“保量”更应“保质”

传播学的集大成者施拉姆曾经提出选择或然率公式，他认为用户一般会选择能够给自己带来更多满足感的内容[5]。因此，在对“进博会”新闻的策划中，新华社等平台利用自己的资源优势、人才优势和跨文化思维优势策划出许多引人入胜的专题。例如，在针对“进博会”参展商品的推荐中，新华社以颜色来策划专题，以象征低碳的绿色、象征热情的红色和象征健康的白色来宣传相对应的产品，同时也以美食、商品等没有理解障碍的情景表达去让海外用户感受中国“进博会”用心与雄心。另外，新华社以舞蹈、美食、出行为主题的全球连线专题，也通过英语等不同国家的语言向海外用户传递中国最真实的发展现状，并邀请外国友人、参展商出境去讲述自己的所见所闻。

（八）全景直播：海外分众思维的创新实践

慢直播是直播不断发展所衍生出的新形态，是指以超长的直播时长，无剪辑的真实记录和强烈的代入感等特点来进行展示的直播手段。最初，慢直播是在疫情期间的“火神山”“雷神山”的建造中兴起，同时在野生动物、大自然美景等方面也有涉及。而在“进博会”的慢直播中，中国国际电视台记者用英语以最真实的姿态、最真诚的交流来向全世界展示“进博会”。线上用户可以选择不同类别、不同展台的直播间进行观看，以跨境直播来为之后跨境电商的发展铺垫道路。

三、耳听为虚，眼见为实：借助他国视角宣传中国形象

习近平主席在中共中央政治局第三十次集体学习时提出要广交朋友的策略，要持续地借助外国友人扩大中国对外传播的广度和深度[6]。以往在进行对外宣传时，我们大多数时间在“自说自话”，海外受众在群体制约和拟态环境的影响下可能对他国宣传产生一定的抵触心理。因此，我们要学会动用与我们交好的外国友人资源，让他们帮助中国进行“他塑”，并通过他们将自己的所见所闻发布到社会化媒体中，形成“耳听为虚，眼见为实”的画面感和真实感。

（一）权威发声：为“进博会”助威的各国大使和参会代表

“进博会”作为后疫情时代全世界国家经济贸易的重要平台，受到了各国的广泛关注，而我国媒体在他国的利益需求和中国的形象宣传需求中找到了平衡点。在此次“进博会”所举办的“全球好物季”专场直播带货中，日本驻华大使垂秀夫就利用视频形式为本国好物带货。同时，《环球时报》英文版推出的“歪果仁在中国”视频栏目，则邀请古巴、墨西哥、土耳其等国家外交官介绍本国的优势产业和技术。意大利驻华大使方澜意认为，进博会显示了中国的自信，这是世界上最重要的盛会。利用外国自己的外交官等负责人来讲述自己在中国的所见所闻更具权威性和可信性。

（二）以和为贵：中国智慧将持续助力世界发展

“一带一路”是“丝绸之路经济带”和“21 世纪海上丝绸之路”的简称，

是在习近平主席提出构建“人类命运共同体”之后根据中国国情和历史所为世界贡献的中国智慧和中国方案[7]。在当前传播格局和全球议程话语权的既定体系中，中国所提出的“人类命运共同体”“一带一路”“亚洲基础设施投资银行”建设等中国智慧和中国方案，以尊重平等、互惠互利的全球视角推动共商共建共享的国际新时代建设。在本次“进博会”的盛会中，“一带一路”的国家更是远道而来，带来了最有诚意的产品，彰显了对于中国市场的重视程度。

四、创新布局：构建具有鲜明中国特色的国际战略传播体系

（一）重视“洋”网红，打造“接地气”的中国形象

作为具有高度开放性的短视频制作场域，拥有如此庞大用户基础的中国自然会在技术加持下催生出许多短视频创作者。当然，我们的视角并不能仅仅局限于中国人，同时也要关注在中国生活的外国人，让没有传播隔阂，更具跨文化传播素养的外国人，去向世界来讲述“他者”视角下最为真实客观的中国[7]。例如，在本次“进博会”中就有来自许多不同国家的“洋”网红来讲述他们眼中的参会体验，像“埃及王慕林”就以《中外组织大型活动差距太大了，中国决定干就会干好》为标题来夸奖中国举办大型活动的强大能力；而新西兰媒体人“绿眼睛 Andy”则是通过“进博会”从更深层次的原因来向全世界讲述为什么中国会被歧视、被误解，并且通过数据、图片、视频对话等形式来告诉全世界中国是一个非常友好开放、和善可亲的大国。而在中国最火的“洋”网红“我是郭杰瑞”则是通过解密外国企业如何进军中国的视角，通过与海外

参展商的对话来彰显中国高水平开放政策是如何落到实处的。因此，“洋”网红在塑造中国形象的对外宣传中一定会起到越来越重要的作用，是我们应该重视的方向。

（二）建立跨文化传播人才培养体系，以崭新的面孔迎接海外用户

跨文化传播是由爱德华·霍尔在《无声的语音》一书中提出，是指处于不同文化背景、生活环境的人们之间的文化传播行为[8]。目前，中国具备跨文化传播素养的人才并不多，主要集中于记者层面，但伴随着传媒业态的不断发展，在跨境直播、跨境带货及像“李子柒”式的传播中华优秀传统文化的“草根”网红等方面，不仅需要个人的力量，更需要国家对建立跨文化传播人才培养体系的重视。只有以靶向思维建立各个国家或地区精准的传播策略，培养小语种人才到跨境直播行业或培养中国官方对外传播的网红代表，方可以更加亲切的面孔来向海外用户传递中国态度和中国形象。

五、结语

第四届“进博会”作为一次检验中国形象立体建构的重要盛会，又一次充分地展现了中国正在不断突破枷锁，向世界展现更有中国特色和中国历史底蕴的大国形象。同时，中国的对外宣传不能停，要在进步中不断实践，并在实践中不断总结。中国形象的建构是一个长期的过程，切不可急于求成。“靡不有初，鲜克有终”的意思是万事开头易，但很难坚持到底。这句话同样适用于中国形象的建构历程，一贯秉承多维构建思维的外宣格局通过多维度的外宣矩阵、内容、场景、人才及呈现方式等立体化传播的中国国际传播体系，必将在

国际上交到更多朋友、贡献更多中国智慧和中国方案，在扩大知华友华的国际舆论朋友圈、构建人类命运共同体的道路上坚定地走下去。

参考文献

[1] 闫立光，朱成山，张巍．习近平关于人类命运共同体重要论述的时代逻辑与世界意义 [J]. 南京社会科学，2021（11）：1-9，55，179.

[2] 吴瑛，史磊，阮光册．国家身份的建构与认同：中国负责任大国形象分析与反思 [J]. 上海交通大学学报（哲学社会科学版），2021，29（04）：130-147.

[3] 习近平在中共中央政治局第三十次集体学习时强调 加强和改进国际传播工作 展示真实立体全面的中国 [N]. 人民日报，2021-06-02.

[4] 上海艾瑞市场咨询有限公司．2021 年中国直播电商行业研究报告 [EB/OL]. [2021-09-10]. https://report.iresearch.cn/report/202109/3841.shtml.

[5] 张兆军，安伟豪，马帅．以信息选择或然率视角分析移动新闻客户端——以今日头条为例 [J]. 新闻研究导刊，2016，7（11）：312.

[6] 王井．习近平总书记关于对外传播重要论述发展历程与理论启发 [J]. 中国出版，2021（18）：18-23.

[7] 邱光华．从“我是郭杰瑞”Vlog 看“洋网红”如何讲好中国故事 [J]. 传媒，2021（17）：53-55.

[8] 高宝萍，冯慧．新媒体语境下中国国家形象跨文化传播困境与对策探究 [J]. 理论导刊，2021（06）：120-124.

基于短视频的包头城市形象传播策略研究

刘春华（北京印刷学院）

【摘要】当今新媒体环境下，短视频快速发展，这对于城市形象的传播提供了极大的便利条件。但目前我国大多数城市对于城市形象传播的影响力并没有充分的认识，难以很好地运用短视频平台来构建一个良好的城市形象。本文通过对包头城市形象宣传现状的梳理、短视频平台上传播城市形象的现状分析，从中研究出适合在短视频平台上宣传包头城市形象的传播策略，以更好地传播包头这座城市，促进包头的经济、文化发展。

【关键词】短视频；城市形象；传播；包头

“城市形象这一概念最早诞生于国外，美国城市规划学者凯文林奇率先提出了城市意象理论，是指公众对城市外在物质客观存在环境的知觉及公众认知形成的心理意象。[1]”学者浦实也对城市形象给出了他所理解的定义，受到了学界的肯定，并得到了广泛的应用。他给出的城市形象的定义指出了一座城市的综合全貌便是该城市的形象，同时也包含居住在该城市的人们的价值观念和综合素质等。城市形象通常由该城市的经济、整体生活环境及文化这些方面构成，是一座城市展现给外部的形象，可以引发人们的情感活动，同时也是人们对城市的具体感受和综合看法。

一、短视频平台城市形象传播的现状分析

（一）传播环境宽松，网民基数大

阿里巴巴文化娱乐集团副总裁朱晓鹏曾表示，短视频的产生和发展离不开我国互联网的发展及数字技术的不断进步，这为短视频的传播发展提供了条件。而当前具有自由性、开放、交互性的网络环境也进一步便利了短视频的传播和发展。在此背景下，抖音、快手等短视频应用迎来了快速发展的机遇。目前，我国是最具活力的全球第一大互联网市场，而且我们的领先优势也将随着国家综合实力的提高而提高。据《中国互联网络发展状况统计报告》数据显示，截至 2021 年 6 月，我国网民总体规模超过 10 亿[2]，我国网民规模较 2020 年 12 月增长了 2175 万，互联网普及率达 71.6%，形成全球最庞大生机勃勃的数字社会。如此庞大的规模也为城市形象在短视频平台上的传播，提供了独一无二的天然优势。

（二）内容丰富多样，便于广泛传播

短视频应用软件大多在使用方式上几乎零门槛，操作简单，适合大多数人使用，且为用户提供了交流互动的功能。人们可以对自己喜爱的视频内容作出评论或者点赞转发，还有私信等功能。便捷的操作和高效的互动为短视频平台累积了越来越多的使用者，并且具有非常高的用户黏度。短视频平台上有海量的内容，其中的高质量内容也并不少见。通常短视频内容都紧紧围绕时事热点，能够满足不同受众群体的个性化需求。因此，短视频平台可以得到大众的青睐，拥有大量用户。这也为城市形象在短视频平台上传播奠定了有利基础。在传播渠道上，短视频可以被嵌入网络提供的开放的关系链中，和其他新媒体平台进行连接，以达到多个平台共同传播的病毒式传播效果。

（三）使用即可获得满足

通常短视频平台推荐主页中植入的各种视频，其中大多数都不到 5 分钟，最长的不过十几分钟，短的也就几秒不到 1 分钟，真正做到了“短”。短视频增大了视频容量，加大了投放量，关键是满足了用户的碎片化需求和心理。用户在各大短视频平台上观看或发表内容既能表达自己的心情还能打发无聊，通过发布作品获得他人的喜爱和认可。现代人生活节奏非常快，各种压力加重了人们的心理负担，但当用户成为短视频平台上的生产者时，他们便可以将自己愿意呈现的一面表现出来，以此缓解压力。所以用户对短视频平台的应用能够起到满足自我填补碎片化时间、获得轻松、娱乐、缓解自身压力的作用。因此，短视频平台积累了大量的忠实用户，为在短视频平台上进行城市形象宣传提供了有利条件。此外，各类短视频平台上一些比较有趣甚至有些夸大成分的内容能够让用户牢牢记住，如果再将城市形象无痕地融入其中，宣传效果就会事半功倍。

二、包头城市形象传播现状

“包头作为内蒙古自治区的下辖地级市，它是拥有着地方立法权比较大的一个市，是一座以稀土、冶金等机械工业为主的综合性工业城市，是内蒙古自治区的经济中心之一，被誉称‘草原钢城’‘稀土之都’。[3]”随着包头各方面的不断发展，居住人口逐步增多，城市形象的塑造和传播也越来越重要。一个良好的城市形象对该城市的政治、文化和经济等各方面都会产生重要的影响。然而，城市快速发展的同时不可避免会遇到一些问题。过去的人们只要一提及包头，“走西口”“包钢”等字眼就会立马浮现在脑海之中。如何改变人们心中对于包头的固有印象，是目前保持和提升包头的城市形象所面临的一大难题。

（一）城市形象单一，难以有效传播

包头是北方草原游牧文化与中原农耕文化之间的交通要冲，蒙古语称为“包克图”，代表着有鹿的地方。目前，包头是一座移民城市，居住着多个民族。包头市在过去的发展过程中也树立了很多城市形象，有根据境内稀土、钢铁等工业而打造的“草原钢城”“稀土之都”形象，也有“草原明珠”“鹿城”“水旱码头”等形象。包头的城市形象众多，虽然都可以为包头市旅游形象定位提供借鉴，但都难以完整地表达包头这座城市的内涵和魅力。例如，“草原钢城”简单直观地表明了包头是一座草原上的钢铁之城，但同时这一形象定位过于单一，难以引起人们的注意，很难使人产生前来参观旅游的冲动。因此，包头城市形象的建立应以观光游客的心理和需求为重点，并进行全面分析，也不能忽略包头的本地特色。

（二）美食众多，手艺需传承

包头虽然是一座移民城市，但漫长的历史过程中也积累了许多极具本地特色的美食。有飘香四溢、色泽诱人的美味茶汤，有形态迥异、栩栩如生的包头面塑，有一口仙气吹成的戏剧糖果——包头糖塑，还有小肥羊火锅、莜面、烧麦、手扒肉、铁锅焖面、羊杂碎、烤全羊等特色美食。

现代化的今天，人们生活中的各方面都发生了很大的变化，碎片化、智能化倾向越来越明显。与此同时，面塑和糖塑的手艺人越来越少，即便身在包头，能吃到这些美食的机会也越来越少了，而且手艺在面临着失传的风险，所以这些靠艺人手艺的绝活更加罕见。也有一些手艺人害怕这门技艺失传，特意向国家申请了非遗。在这种情况下，城市形象的传播就变得更加重要，要利用好短视频平台，让全国甚至外国游客对包头产生兴趣，将包头本地特色文化和美食发扬光大。

（三）旅游资源丰富，旅游产业链条需完善

包头地理位置优越，境内有高原、平原和山地三种地形，为发展旅游业提供了条件。包头境内有旅游避暑胜地——希拉穆仁草原；有气势磅礴、规模宏大的藏式庙宇五当召（俗称“小布达拉宫”），依山傍水、景色宜人的喇嘛庙美岱召，“妙法禅寺”吕祖庙，还有清真大寺；有亚洲最大的城中草原——赛罕塔拉，还有素有“塞外西湖”之美誉，以及融城市、黄河、湿地于一体的南海湿地公园，可以观赏到 20 多门火炮的军工旅游景区——北方兵器城、秦长城遗址、昭君岛等多处旅游景点。可以说，包头的旅游资源十分丰富，既不缺历史资源又不缺现代景观，但是目前包头的旅游业没有得到充分的开发和宣传，单个景点访问人数较多但尚未形成完整的旅游链条，而且各个景点之间距离较远，交通有待进一步完善。因此，应该加快发展旅游产业链条，完善基础设施，因地制宜开发特色旅游路线和项目并伴随城市形象一起进行广泛宣传[4]。

三、基于短视频平台的城市形象传播策略

（一）官方主导，明确城市发展方向，树立鲜明城市形象

包头城市形象从“草原钢城”“稀土之都”到“草原明珠”“水旱码头”“鹿城”等城市形象，它们分别描述了包头市具有的多元文化特质，以及在不同时期有不同的文化表现。但以上包头市城市形象的树立都略显片面和笼统，没有完全把包头市的城市文脉和塑造城市形象进行充分结合，而且对外宣传时仍然存在口径不统一的问题。城市形象的确立决定了这个城市给大众的第一印象，一个鲜明有特色的城市形象是给人留下深刻印象的必要条件。短视频平台因其视频时长较短而得名，在短暂的几秒到几分钟的时间内想要人们记住一座城市，视

频内容必须简短又不能丢掉内涵。城市形象的确立应该由政府主导，同时吸取群众的意见和智慧，并组织相关的专家进行探讨，在明确和顺应城市未来发展方向的基础上打造出鲜明的城市形象，并进行大力宣传。

（二）政府和平台合作，鼓励优质原创内容

为进一步有效传播城市形象，包头市应该好好利用短视频平台，加大和各个平台的合作力度，制订专属包头这座城市的宣传计划，可以针对用户制定鼓励计划，刺激优质内容生产。短视频平台的一大特点就是用户生产内容即专业生产模式（UGC 模式），这种模式的好处就是可以集群众智慧，同时让用户在参与的过程中产生黏性，进而使其成为短视频平台的忠实用户，使有能力的人生产出更多的优质内容。平台应该大力鼓励用户生产优质内容，但也存在用户质量参差不齐的问题。因此，政府应该着力培养 UGC 模式，在平台内起到意见领袖的作用，最大限度保证短视频平台生产内容的质量。众多的用户群体符合了抖音、美拍、快手等或年轻或成熟、活泼、有趣的风格定位和碎片化的传播特征，符合短视频平台传播的话语特征，进而能够让城市形象在短视频平台上得到有效扩散。UGC 模式生产的内容可以有效挖掘包头这座城市的形象特征，加上专业生产者的资质，更能让人对包头产生兴趣，从而增进对包头了解。

（三）打造全媒体矩阵，进行全媒体传播

作为内蒙古的经济中心之一，包头虽然是发达的工业化城市，但媒介资源相较于其他经济发达的城市并不是很丰富，且缺乏有效利用。习近平总书记曾发表讲话强调推进媒体融合发展的重要性。目前，包头市也正在认真贯彻落实这一课题，努力打造新型主流媒体，促进媒体加快融合发展的进程。这一思路

同样适用于城市形象的传播。现在的短视频平台也形成了一次采集、多平台分发的传播局面。某一平台生产的内容可以在微博、微信甚至其他视频平台被浏览和观看，可实现全媒体传播。目前，包头日报社已经形成了“传统媒体 + 互联网 + 移动端 + 音视频”的全媒体生产和传播模式，实现了一次采集、多次生成、梯次发布、多平台传播。这些对包头的城市形象传播而言是一次机会，同时也顺应了时代发展的潮流，包头市应该抓住这次机会，全力打造全媒体矩阵，进行城市形象的全媒体传播。

四、结语

新媒体环境下，短视频快速发展，包头城市形象应搭好短视频这列快车，根据短视频平台的特点更新城市形象传播的策略，树立鲜明的城市形象，鼓励优质的原创内容，打造全媒体矩阵，进行全媒体传播，让更多的人认识并有兴趣了解包头这座城市。

参考文献

[1] 周晓彤 . 基于移动短视频的城市形象传播策略 [D]. 济南：山东师范大学，2019.

[2] 张保淑 . 中国网民规模超 10 亿 [N]. 人民日报（海外版），2021-08-28（002）.

[3] 汪姣，杨如安 . 中国旅游地理 [M]. 武汉：华中科技大学出版社，2017.

[4] 丁洁 . 对包头市社区图书馆建设与发展的探索 [J]. 文艺生活，2018（2）.

大众传媒与女性赋能
——印度的分析与中国的对比

雷文艳（广西大学公共管理学院）

【摘要】大众传播对推动女性的发展与进步起着不可估量的作用。本文通过分析印度女性接触大众媒体，即电视、广播和印刷媒体的情况，探讨大众媒体对女性赋能中的决定因素。该国研究的赋能指标包括妇女在家庭决策方面的自主权、行动自由、财务知识和独立、对接受对妇女的暴力行为的态度、实际和期望生育及避孕的使用和决定等。同时，本文通过中国现有对大众传媒对女性的影响的对比研究，反映大众媒体对中国女性的影响，并提出如何正确引导大众媒体进一步推动女性进步的对策。

【关键词】大众传媒；女性赋能；印度；中国

一、女性赋能的基本指标在大众传媒中的体现

女性赋能的概念在社会科学家和决策者中一直得到相当大的关注，特别是在发展中国家。这是因为根据一些实证研究，女性地位的提高可以降低婴幼儿死亡率，增加对儿童人力资本的投资，提高妇女和女童的福祉[1]。赋予妇女权力被定义为获得作出选择的能力，或获得健康、教育、赚钱机会、权利和政治

参与等发展要素的能力[2][3]。同样，一系列指标也被用来衡量或代表赋予妇女的能力，如教育、家庭决策、资源的获得和控制、行动自由、婚姻带来的资产，以及与婚姻相关的社会和文化规范等。

大众传播对女性的发展与进步起着不可估量的影响和作用。中国与印度同为人口基数大国，由于印度特有的发展史、国家制度、社会经济等方面发展的不均衡及传统制度的影响，印度妇女的发展及社会地位的提高对印度政府而言仍是一个巨大挑战。印度学者的研究认为，在印度家庭领域中性别不平等的问题尤为突出。在家庭领域能够赋予妇女权力的具体表现：参与家庭决策、行动自由、获得金钱的权利、防止丈夫通过暴力控制妻子的行为规范等。印度相关统计数据显示，在教育、健康和死亡率方面，男女之间存在巨大的性别差距，似乎更有利于男性。对这些差距的研究解释包括以下三方面内容：①生育率下降加剧了性别偏见；②有差异的生育停止行为，即父母一旦获得一个目标数量的男孩就停止生育，这导致女孩出生在一个大家庭中比男孩多[4]；③与女孩相比，家庭中对男孩给予更大份额的家庭资源的优先待遇。

近几十年来的数据表明，性别选择性堕胎为印度的父母避免生女孩提供了一种有保障的手段，这种做法的广泛传播导致了男性性别比例的增加；同时，对女性的不利结果一直持续到成年，如家庭暴力水平高、劳动力参与率低、家庭议价能力低等存在明显的女性差异现象[5]。随着大众媒体在印度的出现，接触大众媒体对改变规范、行为和习惯具有一定的引导倾向。例如，媒体可以唤起人们对家庭暴力更深刻的认识，并可以通过塑造强大和独立的妇女，帮助特别是在低文化背景下的妇女来改变性别刻板印象。

其他国家的研究显示的妇女就业和政治机会的信息也可以通过大众媒体传播。在巴西的一些描绘小家庭的流行肥皂剧及中篇小说降低了巴西的生育率。他们还发现，随着父母越来越倾向用流行小说中的主要人物来给孩子命名，孩子的命名模式也发生了变化[6]。印度和孟加拉国的研究数据显示，电视、广播和印刷媒体影响与暴力侵害妇女有关的性别规范，电视、广播和印刷媒体同时影响与暴力侵害妇女有关的性别规范行为[7]。此外，印度尼西亚电视和广播的普及减少了村民对社会组织和委员会的参与，村民花更多的时间看电视或听广播[8]。但总体来说，大众媒体在向妇女提供各种机会并描绘现代观点和城市生活方式（更多的教育、晚婚、小家庭）方面，不断地在改变女性的观念，以及使她们能够采取积极和更健康的态度方面发挥重要作用。越来越多的文献已经确定了提高女性地位的几个决定因素，如继承法和婚姻法、土地所有权、家庭工作、外部就业、亲属关系结构、对女性收入的冲击，以及社会规范方面的变化等。

二、印度主要大众传媒行业的发展状况

（一）印刷业

印度印刷媒体的历史起源于前殖民时代，与该国的自由运动交织在一起。截至 2017 年 3 月 31 日的统计数据显示，印度大约有 1.7 万份注册报纸，其中孟加拉语的 Ananda Bazar Patrika 是发行量最大的日报（110 万份）。英国报纸《印度时报》（*Times of India*）以 96 万份的发行量位居第二。与报纸发行量正在下降的美国和欧洲国家相比，尽管发生了电视革命，印度的印刷媒体却在激增。这种增长的一个原因是人们需要更可靠的信息来对抗电视媒体的耸人听闻。然而，由于地区、性别和家庭的城乡位置差别，读者人数仍然存在显著差距[9]。

（二）电视行业

1959 年印度首次引进电视。当时的印度电视台（Doordarshan）是一个以新

闻为中心、以发展为重点的公共服务广播。20 世纪 90 年代初，几家私营和外国广播公司的出现打破了这种垄断，极大地改变了印度观众可收看的节目内容和范围。其中，肥皂剧，特别是那些围绕家庭和性别问题的节目及游戏节目，往往最受欢迎并创造了全国的高收视率。事实上，根据印度政府官网公布的统计数据，印度的有线和卫星电视用户从 1992 年的 41 万增加到 2016 年年底的逾 1.81 亿[10]。

（三）广播行业

1936 年成立的全印度广播电台（All India Radio）是印度的全国性公共广播电台。它的目标是向大众提供信息、教育和娱乐，它通过遍布全国的 420 个车站网络覆盖 23 种语言和 197 种方言，覆盖了印度 99% 以上的人口。如今，私营广播公司已经进入了市场，调频收音机的普及继续吸引着听众。总的来说，广播仍然是传播农业新闻和促进成人识字的重要论坛。此外，对印度政府而言，广播仍然是传播有关社会发展和妇女福利政策信息的良好途径。

三、印度大众传媒与女性赋能的相关关系

对印度的背景下大众传媒的作用的研究有诸多呈现：如 2009 年学者詹森和奥斯特（Jensen & Oster）探索了在印度农村的五个邦引入有线电视的影响[11]，而 Ting 等人利用印度所有 29 个邦的全国代表性数据集研究了电视的影响[12]。这些研究对文献的贡献有以下三个方面。首先，它捕捉了所有三种媒体的累积效应，即电视、广播和印刷媒体，其中詹森和奥斯特和廷等人只研究了电视的影响。其次，廷等人使用了 2005—2006 年的全国家庭和健康调查（National Family and Health Survey，NFHS）的数据。学者达斯古普塔（Dasgupta）在 2019 年

的研究中，在原有研究的基础上增加采用印度全国家庭和健康调查 NFHS 的 2015—2016 年的数据。同时，在分析大众传媒对女性影响方面中，还增加了更直接的问题，如避孕决策及相关的金融知识指标（贷款项目知识）作为一个结果变量首次被调查。在新的研究中，已婚女性配偶特征也被作为控制指标进行询问，将配偶特征作为研究家庭中女性赋权时的考虑因素。配偶的年龄、受教育程度及婚姻持续时间被作为回归方程的附加控制因素。变量的选择还包括女性接触周边地区大众媒体的平均频率，如一个人看电视、听广播、读报纸或杂志的频率。近年的研究设计考量更加综合和全面，对大众媒体对妇女的影响研究有更丰富的呈现。

（一）看电视、听广播、读报纸或杂志三种大众传媒形式对个人的影响不同

音频或视听媒体（广播和电视）可能比印刷媒体（报纸和杂志）在人类头脑中留下更持久和更深刻的印象。因此，它们可能会对态度和行为产生更大的影响。同样，使用印刷媒体需要读写能力，但读者在阅读时有一定程度的灵活性。相比之下，音频和视听媒体通常有特定的播放时间，不受受众的控制，但不需要受众识字[13]。

（二）接触大众媒体与印度妇女在自身保健、家庭大宗采购、日常家庭采购、探亲访友和花钱方面的决策权呈正相关

大众传媒的接触频率在一定程度上对家庭中丈夫的收入产生正面影响，大众传媒对丈夫收入的决定的影响在统计学上达到了 10%。印度女性与大众媒体的接触与前往市场、利用保健设施或往来妇女所在的村庄或社区以外的地方的

自由选择程度之间存在显著的正相关关系。这种积极的影响还延伸到女性自行拥有银行或储蓄账户的可能性，对贷款项目的了解，以及对获得更多的金融支持的期待。同时，大众媒体的曝光与报道使印度女性对殴打妻子现象的可接受性显著降低、对儿子的偏好降低、首选和实际生育减少及自觉选择使用避孕药具的增加。总体上，女性在决策自主权、银行或储蓄账户所有权、对妇女暴力行为的可接受性、期望和实际生育及避孕药具的使用等方面的研究结果与之前的研究结果基本一致。值得一提的是，研究中发现接触大众媒体越多的印度妇女更有可能参与有关避孕决策。同时，女性与大众媒体接触频率与女性拥有独立支配和单独使用钱的可能性之间存在正相关关系。

综上所述，研究表明接触大众媒体与印度女性赋能之间存在着很强的正相关关系。大众传媒对女性地位有很强的正向影响，如在增加家庭决策的自主权，更多行动自由、更大的经济独立和知识，降低对妇女暴力行为的正当性和重男轻女倾向，减少实际和预期生育率，增加避孕药具的使用等方面均有突出表现。影响妇女地位的可能机制是，大众媒体通过传播有关公共服务和就业机会的信息或通过描绘赋权妇女和现代生活方式，来改变规范、行为和习惯的能力。相关研究结果突出了大众媒体在积极影响妇女方面的有效性，这表明对决策者而言，最好能够考虑将大众传媒这种相对便宜和快速的手段作为对旨在增强妇女权能的具体社会和公共政策的补充，但印度针对大众媒体对女性的负面影响方面的研究并不多。

四、中国大众传媒对女性地位的影响

在中国，党和国家高度重视妇女事业发展，先后制定实施了三个周期的中国妇女发展纲要，为优化妇女发展环境、保障妇女合法权益提供了重要保障[14]。

对女性群体的研究显示，大多数女性认为传媒在自己的生活中占有重要位置。大众传媒已成为女性生活中不可缺少的一部分。媒介传播与性别之间存在着密切的种种联系。媒介中的两性形象和两性关系既是社会生活中的性别分工和性别关系的写照，同时也对女性的生存与发展产生着深刻的影响[15]。

（一）大众传媒对女性的积极影响

毫无疑问，大众传媒的发展给女性教育带来了新的挑战，大众传媒的发展加速了女性的社会化进程，提高了女性的主体意识，为女性提供了更丰富的教育机会、教育途径和教育形式大大加快女性赋能的历史进程。

1. 开拓中国女性的生活视野

大众传媒是现代社会生活中人们接触最多、传播信息范围最广、最普及的工具。进入21世纪，大众传媒的形式变得更多样化、丰富化，更能满足不同社会阶层的各种需求。特别是对于农村女性而言，在一定程度上大众传媒成为原有一些教育水平较低农村女性获取科普知识及各类生活信息的有效途径，拓展了她们的视野。

2. 增加女性受教育的机会和途径

现代大众媒介对于女性来说更重要的意义在于帮助女性与男性一样平等快捷地获取信息、享受教育。特别是在5G时代，各类知识文化信息通过空中课堂、电视节目、手机App等输送到女性身边。接受各类教育及培训提升机会变得更加方便和快捷，女性同样可以通过网络和各类电子学习工具，更自由地学习各类知识。

3. 为女性提供更为开放的成长环境

女性在现代媒介强大的传播方式及途径面前，了解到自己生活圈子以外的更为多元化、多视角的社会。对各种价值观的了解，让女性与受传统的女性刻板印象力量的影响的父母一辈相比，更具有挑战能力。女性的独立意识和主体意识逐渐得到不断的形成和强化，在通过大众媒体不断地与外界进行对话和交流过程中，传统女性的生活模式也随着大众传媒的影响而不断发生改变，在就业观念、家庭教育、消费选择及环保理念等方面不断有新的认识。

（二）大众传媒对女性的消极影响

一些大众传媒存在歧视女性的现象，在日常生活中，受到一些大众媒介含有性别歧视的传播内容的影响，加剧了对男女社会角色的成见。同时，部分媒体内容片面强调女性的传统特质和角色，或者过度强化女性外在形象，而忽略了内在本质。这些都会弱化女性的社会价值和作用，也会误导妇女的人生观、价值观。大众传媒在传播过程中加剧了社会、经济地位高与社会、经济地位低的女性受众之间的“知识沟”和“信息沟”[16]。

综上所述，大众传媒对于女性的发展无异于一柄双刃剑：一方面，大众传媒在一定程度和范围上让女性获得更多言说的机会和权利；另一方面也有可能会造成更多的性别认识误区，从而阻碍女性的成长。

五、推动大众传媒促进妇女赋能的对策建议

不同国家的大众传媒对女性发展的影响具有双重性，而作用力和影响力并不均衡地呈现在同一水平线。对中印两国大众传媒对女性的影响研究证明，大

众传媒的作用机制在不同国家和地区、种族及个体上的呈现各不相同。只有意识到不同影响的程度及发展态势并采取有效措施减少不利影响，才能使大众传媒在促进女性及全人类发展中发挥更加重要的作用。

（一）充分发挥大众传媒的双向参与功能

大众传媒对受众的影响并非单向的。女性在接收到大众传媒所传播的资讯后，同样会对其产生一定的作用力，因为受众不只是被动的接收者。大众传媒在传播中需要确定和认准传播对象，满足受众群体多样化的需求，对传播内容及传播形式的确定等做明确的定位和选择。传媒的内容应该更多地去平等地关注不同性别群体，将现代信息和知识的持续输入与传统文化中的精粹相结合；在切实反映女性的呼声并满足女性需求的同时，积极地倡导女性“自尊、自信、自立、自强”的精神，推动女性的解放、进步与发展。

（二）强化技术发展下大众传媒的教育功能

技术发展推动传媒业变革，随着5G时代带来的信息技术不断创新，5G技术的成熟与发展为媒体融合提供了强有力的技术支撑，同时也推动了传统媒体的转型升级，加速了传媒生态的变革与重构。在这场变革中，一方面女性从大众传媒中获得信息更为便捷、快速，对外交流更直接；另一方面，由于目前现代媒介资源的获取技术上还存在一定男女差异，女性用户在使用新传媒技术中的时间、功能及相关技术能力上较弱，在选择关注的内容上过于单一。因此，需要充分发挥大众传媒的教育功能，不断加强女性的科技文化教育，满足女性教育的多样化需求。同时，对女性的媒介素养的教育与性别文化的教育必须同步，不断提高女性对传媒的性质、功能和局限性的认识，以及对负面信息的识别能力，让大众传媒真正成为助力女性成长的有效助推器。

（三）建立和健全有效的传媒监督机制

集合全社会的力量，建立传媒监督网络，形成多元化的传媒监督机制。具有性别意识的监督机制能有效防止大众传媒对传统性别意识的误导和影响。强有力的大众传媒的监督力量和监督网络的构建需要各层次人群和部门的参与，包括从一般大众到科研部门的学者、女性工作者及政府的相关决策单位。在制定对大众传媒的监督体系的指标时，能够正确地把社会性别视角融入监督指标中；综合运用行政、市场等多种力量使大众媒体在现实运作中接受大众的监督和制约；让大众传播体系紧跟时代步伐，进一步提高传播效率，提升传播效能，推动助力女性赋能并推动男女两性协调发展。

参考文献

[1] SELF S，GRABOWSKI R. Female autonomy and health care in developing countries [J]. Reviewof Development Economics，2012（1）: 185-198.

[2] KABEER N. Resources，agency，achievements：reflections on the measurement of women'sempowerment [J]. Development and Change，1996，30（3）: 435-464.

[3] DUFLO E. Women empowerment and economic development [J]. Journal of Economic Literature，2012，50（4）: 1051-1079.

[4] CLARK S. Son preference and sex composition of children：evidence from India [J]. Demography，2000，37（1）: 95-108.

[5] SEEMA J S. The roots of gender inequality in developing countries [J]. Annual Review of Economics，2015，7（1）: 63-88.

[6] DURYEA S，CHONG A，LA F E. Soap operas and fertility: Evidence from Brazil（Article）[J]. American Economic Journal：Applied Economics.2012，4（4）: 1-31.

[7] JESMIN S S，AMIN I. Impact of the mass media in changing attitudes towards violence

against women in Bangladesh：findings from a national survey [J]. Journal of Family Violence，2017，32（5）：525-534.

[8] OLKEN B A. Do television and radio destroy social capital? Evidence from Indonesian villages [J]. American Economic Journal：Applied Economics，2009，1（4）：1-33.

[9] ATHIQUE A M. Indian Media in a Globalised World [J]. Media International Australia，2011（139）：176-177.

[10] Government of India .Ministry of information and broadcasting：annual report 2017-2018 [EB/OL]. www.publicationsdivision.nic.in/AnnualReportEnglish17-18/index.html.

[11] JENSEN R，OSTER E. The power of TV：cable television and women's status in India [J]. Quarterly Journal of Economics，2009，124（3）：1057-1094.

[12] TING H L，AO C K，LIN M J. Television on women's empowerment in India [J]. Journal of Development Studies，2014，50（11）：1523-1537.

[13] HAIMANTI B. Mass media exposure and attitude towards spousal violence in India [J]. Social Science Jounal，2016，53（4）：398-416.

[14] 张路曦 . 国新办举办《中国妇女发展纲要（2021—2030 年）》《中国儿童发展纲要（2021—2030 年）》发布会 [N]. 中国社会报，2021-09-28（001）.

[15] 谢陶，黄含其 . 大众传媒对女性受众的影响及发展探讨 [J]. 知识经济，2010（1）：57-58.

[16] 詹姆斯・库兰 . 大众媒介与社会 [M]. 杨击，译 . 北京 . 华夏出版社，2006.

丁真IP走红的视频媒体化与传播品牌化

张子依（北京印刷学院）

【摘要】2020年12月22日，丁真走红入选《中国青年报》2020年十大文化事件，四川甘孜理塘县小伙子丁真，频繁登上社交媒体的热搜榜。在网友的见证下，他从素人到网红，再从网红到国企员工，被《人民日报》、央视新闻等官方媒体点名表扬。本文通过对丁真走红纵向时间线的回溯，透视丁真走红现象，分析其作为政府主导的人格IP打造思路，为促进脱贫攻坚、城市文化宣传提供新启示。

【关键词】人格IP；主流媒体；城市传播；网红

一、丁真走红现状梳理与归属判定

2020年11月11日，抖音上出现了一条点赞超过270万的视频。视频的内容是一个身穿藏族服饰、肤色黝黑、眼神清澈的小伙子对着镜头微微一笑。在这条还不到10秒的视频里，主人公就是丁真，仅仅凭借帅气的脸庞和腼腆的笑容就获得了近300万个点赞。“丁真”的微信指数在11日当天增长了138.94%，12日又增长了279.3%，13日视频经过社交媒体平台微博上一位拥有310万“粉丝”的“大V”转发后，指数暴增4886.46%。

这一现象引起了全国各地网红经纪公司的注意，他们连夜赶往丁真的家乡四川甘孜藏族自治州理塘县希望能和丁真签约。与此同时，关于丁真何去何留的问题在社交媒体上引起热议，如“丁真该不该离开草原”，互联网病毒式传播的特性让丁真迅速走红。

2020 年 11 月 18 日，一条“丁真签约国企”的话题登上了热搜榜，引起网友的讨论。19 日，丁真本人开通了微博账号“理塘丁真”并发了一张自己的入职照，收获了 164 万个点赞 [1]。与此同时，他的“粉丝”量也达到了 135 万。11 月 22 日下午，丁真开始在某平台进行首场直播，开播半小时后观看人数位列全站第三名，累计观看人数达 400 万。11 月 25 日，丁真参与拍摄时差岛和四川甘孜州的旅游宣传片《丁真的世界》，在其微博账号发布后收获了 38 万个点赞 [2]。11 月 27 日在一则采访丁真的报道中，记者问道：“不考虑机票旅费，你最想去哪里？”丁真回答说：“最想去拉萨！”这一句话又引起了关于“丁真家乡到底在哪”的讨论，有关丁真的话题再次连登热搜。其中，“四川为了丁真有多拼”与“西藏收获了躺赢的快乐”这两个话题更是收获了超一亿的阅读量。

丁真在互联网上的快速走红也引起了《人民日报》、央视新闻等官方媒体的关注。2020 年 11 月 28 日《新闻联播》主播海霞在《主播说联播》栏目中表示“丁真背后的美值得更多流量”。11 月 29 日，丁真用藏语接受央视新闻《东方时空》栏目采访时称：“出了名很高兴，很高兴可以做很多关于家乡的宣传工作。”在央视新闻官方微博下方的评论区里，不少网友表示“希望出现更多这样正能量的网红”。同日，外交部新闻发言人华春莹在境外社交媒体推特上连发三条动态宣传丁真。其中一条推特发出了一张丁真微笑的照片并配文“一张灿烂、阳光、天真的微笑”，不仅再度引发国内网友热议也收获了外国网民的点赞、转发与评论。11 月 30 日，人民日报评论公众号发表评论员文章，称“让丁真成为顶级流量的是他对家乡、对生活的热爱，让人们感受到逆境中成长的自强不息力量”，呼吁大家珍视“丁真们”的纯真。社交媒体平台的“光速造神”让这个藏族小伙在短短一个多月的时间内收割了一波又一波流量，红到了国外。

丁真不同于其他网红走红，签约网红经纪公司消耗流量，实现资本变现的发展道路。丁真与他家乡所在地的国资委下属国有公司理塘文旅体投资有限公司签约，成为理塘县旅游资源的代言人，是具有政府性质的 IP 打造。出生本土的丁真，在宣传资料里穿着不同款式的藏袍，黝黑的面庞旁配上翠绿色的耳饰，从穿着到长相无不体现当地特色，再加上丁真个人纯真、善良、礼貌和天然的少年形象，更加鲜活有魅力。在这种形象下，将丁真直接和理塘、四川等词条联系起来，让理塘县具有“拟人”的功能和元素，以便更好地实现帮助政府宣传理塘县的风土地貌、人文景观，达到推动当地旅游业发展的目的。这一举措在努力实现“两个一百年”奋斗目标的时代背景下，也助力理塘县打赢脱贫攻坚战，为全国其他贫困县的脱贫工作树立模范，有助于推动民族文化的传播，以及建立民族自信与文化自信。丁真完成从网络红人到国企员工身份转变的背后是地方政府主动抓住流量，努力生产优质内容的积极尝试。这种尝试体现了政府对网红进行正向引导可以使流量的价值最大化，利用网红帮助地方来进行城市形象的传播也成为提高城市知名度的新路径。

二、丁真走红的成因与背景

（一）技术赋权：个体叙事化的崛起

技术的发展降低了用户分享信息的门槛。《2021 中国网络视听发展研究报告》显示，截至 2020 年 12 月，我国网络视听用户规模达 9.44 亿，2020 年网络视听产业规模破 6000 亿元[3]。每个能接触到移动互联终端的人都可以利用短视频这种方式直接进行社会化分享，个体化叙事在网络空间开始。

丁真的走红从一条不足 10 秒的短视频开始，之后社交媒体上传播的相关视频中，他以自己为叙事主角，用不太流利的汉语分享他的名字、他的家乡，告诉我们他有一匹名叫“珍珠”的小马，并分享了和“珍珠”的故事。这种个体化叙事更加贴近普通人的日常生活，更容易拉近分享者与网友之间的距离，更能与网友产生情感上的共鸣。短视频的出现不仅降低了传播门槛，也赋予了用户获取多样化内容的权利。

丁真走红离不开社交媒体背后的技术支持，丁真的生活具有不可复制的特殊性。他原生态的皮肤、清澈的眼睛具有令人向往的淳朴质感，他生活在远离都市的格聂雪山脚下……这些独特性使他的视频在海量内容中脱颖而出，收获大量用户点赞、评论与转发，又在算法推荐机制下被平台优先推送从而进一步收割更多的流量。

（二）使用与满足：稀奇资源的理想诉求

“使用与满足”理论由美国传播学家卡茨在《个人对大众传播的使用》一书中提出，它把受众看成有特定需求的人，把他们的媒介接触行为看作基于特定的需求来使用媒介的活动，受众通过接触与使用媒介来使他们的需求得到满足[4]。这是研究受众媒介接触动机的经典理论。最早让丁真引起网友注意的是一条发布在抖音上没有经过美颜与滤镜修饰的短视频，网友们看多了滤镜美颜下千篇一律的高颜值网红，对丁真的出现感到耳目一新。网民对丁真未经修饰真实美感的追捧，实则反映了他们对同质化美感的厌烦，满足了网民自己对稀缺审美的特定需求。

之后与丁真相关的各类视频更是向网友展示了田园牧歌似的美好生活。以丁真为主角的四川甘孜旅游宣传片《丁真的世界》中，丁真向观众展示了他的日常生活：他在大草原上赛马，用格聂雪山的雪水洗脸，和弟弟一起放牛，在草地上一躺就是一整天。这样的生活令在钢筋水泥建构的大都市、习惯了规律生活的广大网民心生向往。丁真微博视频的评论区里暴发了网友对其生活的向往与对理塘风景的赞叹，丁真及他独特的生活方式满足了当下中国互联网网民的审美需求。丁真的走红迎合了当下网民的心理需求和网络社会的文化需求，丁真走红是同质化审美下稀缺审美的一次突围。

（三）符号迷因：他者想象与符号表达

在高原环境生活下雕刻的黑红脸庞、标志性的藏族服饰、年轻野性的面容、干净纯真的眼神，在宏大神秘背景音乐的烘托下辅以慢放镜头的剪辑手法，将丁真身上特有的符号和美感无限放大[5]。“到了消费者社会，对于大多数物品来说，其符号化就是迷思化人们崇拜物品符号，也就是崇拜物品符号迷因。[6]”在丁真走红视频中，人物、环境、服饰和音乐，引发人们关于异域文化的原始想象。黑红而略显粗糙的脸庞是原始野性的符号，典型的藏族服饰带来人们关于神秘藏族文化的想象，富有地域特色的地理环境召唤着人们走进他乡。这些符号建构起人们对于他者的想象，并根据自己的认知进行重塑、表达和传播。

视频中藏族文化（原始的、质朴的、符合人类天性的）和都市文化（现代的、快节奏的）之间的文化形态冲突吸引着受众的注力，传达出一种生命意识、美的觉醒和原始激情，受众对这些符号的能指进行感知、介入与建构[7]。在这些符号的指引下，人们带着猎奇和窥视的心理去探索真的生活、地域、工作等，从不同视角切入窥探这个夜爆红的普通人，将此事件推向一波又一波舆论高峰。这些充满神秘浪漫色彩的碎片化视觉文本被网友的自我想象迅速加工进而被赋予纯真、善良、朴实等更深层含义，从而引发共情并与受众产生更深层的情感联系。

三、内涵与价值：审美狂欢向社会价值转化

从受众角度看，网红产品从策划、生产、发布及反馈过程中，需要与受众情感精准链接。不管其呈现方式是原始的还是现代的,是搞笑的还是严肃的,都需要满足受众欲望、填补空虚或转移注意力。丁真走红之初点燃的是受众的审美需求。因为丁真并不符合当地的传统审美标准，浓密且有纹理的头发，不对称的绿松玉耳坠，“人畜无害”的眼神，与短视频平台通常可见的精致的美女帅哥类型截然不同，也与当地推崇“康巴汉子”高大威猛形象有所不同。“甜、野、纯、真”，这些带着明显情绪感受被贴在了丁真身上。这些颠覆了常规秩序的视觉形象，满足了第一世界也就是现实世界中受众的审美需求、情绪释放和对另一种生活的向往，这都是丁真能够成为现象级网红产品的决定因素。

公众开展的“丁真该不该离开草原”的话题登上了微博热搜榜，网友们号称“保护我方丁真”，甚至《人民日报》评论的官方公众号也发表评论员文章,呼吁大家珍视“丁真们”的纯真。这一方面体现了观众对纯真朴实的珍视，另一方面也体现了公众对现实世界中物欲横流、资本操作的抵抗。不负众望的丁真选择了签约当地国企，努力读书和学习，为当地旅游发展代言。这条信息再次登上热搜榜，流量汇聚的背后是丁真的选择再次满足了公众情绪需求的结果。

丁真走红持续制造流量的过程，是满足受众对理想世界和第二种生活臆想的过程。秉承自然朴实，不被流量裹挟，不被资本操纵，丁真的流量沉淀下

来后已经转化为对当地旅游发展的符号象征。这是狂欢广场上民众对符合内心需求的典型人物的理想塑造。现实世界中，不是每个人都能拥有丁真那样的环境，但是狂欢下当多数公众有了参与感，这便达到巴赫金多说的“所有人都积极参加、所有人都参与的生活”。

四、“丁真”塑造的商业路径

（一）将注意力转化为生产力

丁真走红后没有按照惯例沿着其他网红的发展路线“出道”，而是与理塘县国资委下属文化公司签约，成为一名国企员工。此后，丁真通过网络直播等方式积极参与理塘县旅游文化宣传事业，用自身的流量带动当地文旅事业发展，使越来越多的人可以借助网络媒体或者身体力行地去感悟当地的民俗风情、历史文化。丁真的流量所吸引的巨大注意力，进而转化成为促进当地文旅产业发展的生产力。

加拿大传播政治经济学家达拉斯斯麦兹曾在受众商品论中指出，“大众媒体所生产的资讯、娱乐等内容”其实质是传输给受众的一种诱惑力（礼物、贿赂或免费午餐）[8]。正是这些免费午餐“吸引了受众的注意力，并将受众作为一种商品出售给广告商”。由此可见，注意力具备了生产性属性受众注意力消耗的过程也可视为一种生产性劳动，并能够源源不断地创造增值价值，从而使支配注意力经济的主体或者平台获得利润。

后续发展事实也证明，将丁真签约成为国企员工并在保护中发展将丁真及其背后的美丽资源盘活，将流量注意力转化为生产力，才是摘录将流量引向正途的关键之举。

（二）多福多利打造多赢局面

注意力向生产力转化过程中最重要的一个介质就是诱惑力，通过良好的福利政策可刺激催化受众的注意力快速变现。同时，受众也能从这些福利政策中获利，得到精神或者物质的补偿。

随着丁真迅速走红，其家乡四川省甘孜藏族自治州理塘县也获得了众多网友关注。数据显示，“理塘”热度从 2020 年 11 月 20 日起大涨到 11 月最后一周，理塘搜索量猛增 620%，比国庆时翻 4 倍。“如此巨大的关注度背后包含着可遇而不可求的变现机遇。对此，理塘县也牢牢把握住了天降流量”，通过“三步走战略，将丁真从“民间野生网红”打造成为官方旅游代言人”。11 月 13 日，甘孜藏族自治州旅游局官方微博（@ 甘孜文旅）在微博率先发起借势营销“咱们的康巴汉子有多帅”，将丁真从“民间野生网红”带到了“主流视野”。11 月 18 日，理塘县国资委下属国有公司甘孜州理塘县文旅体投资发展有限公司证实，已将丁真签约为一名正式员工。于是，丁真从“草根网红”摇身变成为“签约 KOL”。11 月 25 日，文化营销公司时差岛、四川省甘孜州文化广播电视和旅游局联合出品了丁真视角的甘孜宣传片《丁真的世界》，并在微博（@ 甘孜文旅）等多个平台上线，丁真正式成为家乡旅游的代言人。与此同时，甘孜州政府除了在情感上通过官方背书增加“丁真”标签的地域和文旅内涵，还趁热打铁采取经济刺激手段，制定门票全免、酒店半价、机票打折等相关旅游优惠政策，推广甘孜美景，把网络流量转化为实打实的机票、住宿和餐饮经济实现了网友与四川的共赢。甘孜州文广旅局副局长王光志在接受采访时表示：“自 11 月 15 日正式实行免票政策以来短短 9 天时间，全州纳入监测统计的 13 家景区接待量同比增长 112 31%。”如此巨大的长量为疫情之后的四川文旅事业注入了一针强心剂，同时也是甘孜州在文旅脱贫道路上迈出的跨越性一步。

（三）抢人大战吹响文旅脱贫攻坚联动号角

本来理塘县文旅部门的一波操作已经为丁真和理塘县赚足流量，没想到一篇采访中丁真的回答“最想去拉萨”，再次将四川与西藏推出热浪，加上微博“没看之前你以为丁真是哪里的”西藏、四川投票的催化“川藏”这种看似打架实则铆足劲做文旅推介的“抢人大战”轰轰烈烈地开始了。于是，斗图抢人、Rap 抢人，当地文旅部门通过各种花式技巧展现自己的美丽资源。一时间，“四川理塘旅游大使最想去拉萨”“以为丁真在西藏，其实丁真在四川”“四川为了丁真有多努力”“西藏拥有了躺赢的快乐”等话题纷纷冲上微博热搜。此时网友忙得不亦乐乎，全国各地的文旅部门却坐不住了开启各省混战。

正如丁真签约公司负责人在接受采访时表示：“小县城能红一次，不容易。”对于文旅界而言，能出一个现象级的宣传热点也是不容易的。流量来了善用、活用，形成联动效应辅以现代化的媒介宣传方式，才能将注意力转化为生产力，创造更大的商业效益。

五、评价：丁真 IP 在传播场域的传播水平

从个人发展来看，2001 年出生的丁真，不到 20 岁，是正在接受教育的年纪，但事实上的丁真身为家里的长子，从未读过书，承担为家里放牛的责任。在很多偏远地区父辈们的教育思想普遍比较松弛，不能落实义务教育。没读过书的丁真也不是个例，丁真的小表舅在小学毕业后就辍学回家放牛了。如今随着九年义务教育的普及，当地人们的受教育意识越来越强，丁真的火了之后也让偏远山区义务教育的情况得到落实。别人火，被拉去带货；丁真火，被拉去读书。来自全国各地的“粉丝”纷纷给丁真寄书，丁真的愿望也由“希望小马跑第一”变成“希望读完‘粉丝’送的书”。

从专业媒体角度来看，信息爆炸的网络时代，热点意味着金钱，流量意味着财富。职业记者追逐热点是职业所为，在热点生成的背后，存在一定的必要性和偶然性，热点自身的价值偏向需要依靠专业记者来挖掘。丁真的爆红，形式上看不过是一个来自农村的帅小伙，依靠长相和视频氛围获得网友们的喜爱。理塘旅游文化单位通过把握丁真的特点，牢牢抓住丁真不同于其他网红的特点，极力放大丁真身上的纯真、善良、青春和自然等特点，将丁真个人形象与四川理塘结合，使其成为魅力乡村的形象代言人。虽然这是政府行为，以带动乡村发展为目的，其运营过程与商业发展、公关行为等过程类似，专业媒体通过打造丁真 IP 给其他地区旅游文化发展起到示范作用。这个过程不仅强化了政府形象，使政府工作转型开始进行，同时也拓宽政府服务方式，提升了政府工作效率。

丁真的爆火不仅受到国内各大媒体争先报道，央视新闻和外交部新闻司司长华春莹也转发助力。丁真的爆火，给当地旅游业的发展也带来了关键机会，仅 2020 年当地就举办了骑马节、康巴汉子选美大赛等活动，让更多人发现四川理塘的美。走红后的丁真和理塘县文旅投资发展有限公司签约，担任当地旅游形象大使。随后推出的宣传片《丁真的世界》,采取“线上 + 线下”的营销组合拳，把人们的目光集中在四川甘孜。“理塘”热度从 2020 年 11 月 20 日大涨，理塘搜索量猛增 620%，比国庆时翻了 4 倍。农业为根、文创为魂、民生为本，乡村振兴，需要当地政府打好宣传牌。一个短视频让丁真走红，继而成为当地旅游形象大使，并拥有了加 V 认真的抖音、微博，让人从认识“丁真”到认识“理塘”，这是当地政府发展文旅产业的信心和决心。同时，这一现象也告诉我们，文化宣传充分运用互联网营销媒介，需要注重自身发展，结合本地特色，找准地方优势，打造地方文化品牌，探索生态农业发展，将乡愁融入生态，将生态转化为产业，主动找亮点，积极借亮光，努力让每一步都踩在宣传时机的节点上，开拓当地产品新市场。

六、政府打造网红的具体建议

（一）深入实施"旅游+"战略，提高城市形象

丁真爆火的背后是四川和当地多年的未雨绸缪和迅速反应。数年前，理塘县就把发展文旅产业作为脱贫攻坚的重点方向，大力进行景区建设和宣传。

近年来，理塘县深入实施旅游战略，强化旅游产业支撑带动作用。据理塘县人民政府网显示，2019 年理塘县接待游客达 110.7 万人次，实现旅游综合收入 1218 亿元。正是因为多年来未雨绸缪的准备，理塘县才能够在短时间内迅速反应拿出方案承接和利用丁真带来的资源，通过科学合理的手段将自身的美丽资源盘活。

面对进一步发展机遇，相应的硬件与软件理塘县早已做好充足准备不断在实践中提炼理塘文化符号形成理塘特有的叙述话语，并基于新旧媒体融合的传播打破信息传播的时空限制，打造理塘名片塑造理塘形象。

（二）抓住"互联网+"机遇，扩大主流IP消费市场

在宣传这盘棋上，这个位于高原的贫困县城早已摩拳擦掌并小试牛刀，只是缺少一个脱颖而出的机会。早在 2019 年理塘县就已打通基层宣传最后一公里，建设了县级融媒体中心，打造云上理塘 App 新媒体矩阵，并开设抖音、快手、今日头条和新浪微博等官方账号不断创新内容、形式和手段，以全媒体时代群众喜闻乐见的方式讲好理塘故事。此外，理塘县融媒体中心与甘孜日报社康巴传媒及四川省内外传媒公司开展了多次直播活动，探索藏区县级融媒体中心直播活动的工作经验。

无论是美丽资源的存量、思想观念的更新还是信息技术、人才等方面的储备，

理塘县和甘孜州都准备好了。因此，当机会降临时，当地能够迅速反应趁热打铁将注意力转化为生产力将个人转化为能够带动当地发展的 IP。

媒介技术的发展助推了城市形象的精准传播并通过具有高识别度的文化符号及叙事话语构建城市的意义空间。因此，只有利用好新媒介技术，不断更新传播观念与手段，立足当地特色，才能在流量浪潮来临时迅速抓住变现机会，盘活好内容资源。

参考文献

[1] 郭静，肖辉馨 . 狂欢理论视域下丁真走红路径研究 [J]. 新媒体研究，2021（13）：57-60.

[2] 田华 . 注意力经济视域下流量善用商业逻辑探析——以四川藏族小伙丁真走红为例 [J]. 中国报业，2021（03）：43-46.

[3]《2021 中国网络视听发展研究报告》正式发布（附报告全文）[EB/OL]. [2022-01-21]. https：//n.znds.com/mip/54323.html

[4] 郭庆光 . 传播学教程 [M]. 北京：中国人民大学出版社，1999.

[5] 田华 . 注意力经济视域下流量善用商业逻辑探析——以四川藏族小伙丁真走红为例 [J]. 中国报业，2021（03）：43-46.

[6] 雷亚明 . 娱乐病态营销和另类网红的依存与共生——B 站、抖音、微博等视频网站的主阵地 [J]. 声屏世界，2021（09）：91-93，122.

[7] 雷亚明 . 娱乐病态营销和另类网红的依存与共生——B 站、抖音、微博等视频网站的主阵地 [J]. 声屏世界，2021（09）：91-93，122.

[8] 马俊峰，王斌 . 数字时代注意力经济的逻辑运演及其批判 [J]. 社会科学，2020（11）：111-120.

第三篇

科学传播与数字化转型

学术期刊应用短视频传播的现状与策略研究
——基于福格行为模型

刘倩　李梓豪　张聪（北京印刷学院）

【摘要】随着短视频的快速发展，应用短视频进行学术期刊的传播成为学术期刊转型发展的重要方向。本文在对学术期刊应用短视频的现状进行调查的基础上，基于福格行为模型，从“动机”“触发”“门槛”三个维度分析学术期刊短视频运营策略，在得出学术期刊与短视频的契合点的基础上提出“短视频+学术期刊传播”的策略模型，从而有效地提升学术期刊应用短视频的传播效果，助力形成学术期刊出版的新生态。

【关键词】学术期刊；福格行为模型；短视频；传播策略

2016年，快手、抖音等平台相继进入互联网用户视野之后，短视频利用贴近生活的场景、风格多样的表现形式，成为用户获取内容、休闲娱乐的重要渠道。中国互联网络信息中心内（CNNIC）发布的《第48次中国互联网发展状况统计报告》显示，时间短视频用户规模达8.88亿，较2020年12月增长1440万，占网民整体的87.8%[1]。

短视频的发展不仅成了新的信息接收渠道，而且很大程度上重塑用户信息接收的习惯，5G技术的商用势必会再次助推视频传播的发展。这对学术期刊来说是不可避免的发展趋势，必须要不断完善自身的发展策略，进而融入视频传播的发展浪潮。

此外，随着用户对短视频价值需求的提升，短视频内容呈现出由泛娱乐向泛知识的转变趋势。以好看视频为例，过去一年，泛知识类短视频已经占到好看视频全平台的 42%[2]。为了更好地满足用户对知识传播的需求，好看视频上线了“圈一下”的新功能。用户在观看内容的同时可以将其认为的重点圈出，从而强化好看视频“泛知识”平台的定位。泛知识化传播成为短视频垂直发展的重要趋势，抖音发布的《2021 抖音泛知识内容数据报告》显示，过去一年抖音上的泛知识内容增长迅猛，播放量年同比增长 74%，泛知识内容播放量已占平台总播放量的 20%。其中，科普内容快速崛起，在泛知识内容播放品类 TOP3 中排名第二[3]。短视频技术的发展和平台的转型为学术期刊应用短视频传播提供了机遇，不仅能够使学术期刊更好适应当下的传播环境，而且能够进一步提升刊物的影响力。

当下关于学术期刊与新媒体的融合研究主要分为三类。第一类是从整体上探讨学术期刊如何适应当下新媒体环境，如袁楚翘等人分析了融媒体时代学术期刊的优势和面临的困境，并提出了相应的发展措施[4]。这类研究虽然从整体上对学术期刊适应新媒体发展进行了研究，但是缺少对学术期刊应用短视频传播的针对性。第二类研究是聚焦到某一类新媒体平台上，如宋启凡基于抖音短视频的特征为科技期刊在短视频平台上的传播提供了借鉴发展策略[5]。此类研究虽然对学术期刊在短视频上的传播进行了针对性的研究，但是缺乏完整的理论分析框架。第三类是从某个理论出发研究学术期刊和短视频进行结合的契合点，如路小静等人以使用与满足理论为基础，阐释短视频与学术期刊融合发展的契合点，从而为学术期刊和短视频的融合提供了相应的策略[6]。这类研究虽然具备了相应的理论框架，但并没有对学术期刊在短视频平台上的传播现状进行总结，提出的措施难免会缺乏针对性。

基于已有的研究，本文将首先分析学术期刊在短视频平台上的传播现状，以此为基础结合福格行为模型对学术期刊应用短视频的传播策略进行分析。

一、学术期刊应用短视频传播的现状

为了更加清晰地了解当前学术期刊应用短视频的传播现状，本研究以南京大学中国社会科学研究评价中心发布的中文社会科学引文索引（CSSCI，2021—2022 年）期刊目录为基础，在短视频平台上对此目录期刊进行搜索，短视频用户界面的搜索结果包含名称一致和认证账户两种。也就是说，即使期刊短视频账号不以期刊名称命名，在认证的情况下也可以通过期刊名称被搜索到，这就能在一定程度上保证了搜索结果的完善性。艾媒咨询数据显示，分别有 70.9% 和 52.3% 的受访中国短视频用户表示使用过抖音和快手[7]，这表明抖音和快手在短视频领域头部优势明显。因此，此次调查选择了抖音和快手两个短视频平台，对这两个短视频平台上的 CSSCI 期刊和主办单位的账户的开通、认证、传播效果（点赞量和评论量）数据进行了搜集和整理。

由于短视频平台的账号名称存在重复的情况，所以在搜集数据的时候加入了内容对比，删除了没有官方认证的情况下账号名称与期刊一致但是内容明显与期刊无关或者没有发布任何内容的账号，得出了以下调查结果，见表 1。

表 1　CSSCI 来源期刊抖音短视频平台的使用情况及传播效果

期刊	账号名称	认证	简介	粉丝数量	点赞数量	作品数量	更新情况
编辑之友	编辑之友	有	有	13	11	3	断更
科技进步与对策	科技进步与对策	无	无	31	10	1	断更

续表

期刊	账号名称	认证	简介	粉丝数量	点赞数量	作品数量	更新情况
新闻与写作	新闻与写作	无	无	365	205	17	断更
旅游学刊	旅游学刊	有	有	610	491	119	持续更新
北京师范大学学报（社会科学版）	北京师范大学学报	无	无	13	2	1	断更
人民论坛	人民论坛	有	有	67.3W	119.3W	970	持续更新
城市规划	城市规划杂志	有	有	2397	0	0	无内容
社会科学	社会科学杂志社	无	有	1068	1047	27	断更
文化纵横	文化纵横	无	无	43	48	6	断更
人民论坛	人民论坛	有	有	236.1W	3723W	1648	持续更新
文化纵横	文化纵横	无	有	11	36	13	断更

从“粉丝”量和获赞量来看，学术期刊短视频传播内容的增加是会带来“粉丝”数量和点赞数量的增加，这表明学术期刊在短视频平台上进行内容传播是被受众所接受的。但从整体来看，学术期刊并未站在短视频传播这条“赛道”上，无论是账号的开头和认证还是内容本身的传播都是存在一定问题的。

首先，学术期刊并没有大量开通短视频账号。此次调查了 588 个期刊，在抖音 App 上开设账号的学术期刊的账号只有 9 个，在快手 App 上开设的只有 2 个。其次，缺少认证和简介导致辨识度低。在调查的过程中通过搜索发现有很多与期刊名称一样的账号，但是没有官方的认证和简介，导致受众很难分辨出哪个是期刊的官方账号。最后是内容缺乏精准性，没有根据受众的需求和自身的优势进行内容的传播进而导致传播不足。目前，开通短视频传播的学术期刊大多还停留在断更状态，这在一定程度上反映出学术期刊并没有找到一条适应短视频传播的路径，没有发挥出短视频的效用。这也在一定程度上导致了很多学术期刊进行短视频传播的意愿低下。

二、福格行为模型应用学术期刊短视频传播的可行性分析

福格行为模型（Fogg's Behavior Model）是互联网产品探索用户使用行为的重要模型，该模型指用户开展一次行动时，需要其主观的动机与能够接触产品的能力，并在条件充足的情况下触发行动。基于福格行为模型，用户完成一次产品的使用需要行动公式“行动 = 动机 + 能力 + 触发”。短视频产品的传播依旧符合福格行为模型，用户实现观看短视频的行为，首先需要有主观动机，即对短视频内容具有感兴趣的“动机”，其次要拥有观看短视频内容的“能力”，最后推送或主动打开产品成为“触发”条件。

在互联网条件下，“能力”显得不那么重要，产品不断迭代升级使观看短视频内容的能力不存在难度。学术期刊具有一定的专业性，对于非专业人士而言，即使在短视频直观的形式下对科研成果的获取和理解也存在学术门槛，需要具有一定的专业知识和科研素养。因此，在福格行为模型应用到学术期刊短视频内容传播中，“门槛”因素将会取代“能力”因素，福格行为模型用于学术期刊类短视频的研究公式“行动（观看学术期刊短视频）= 触发 + 动机 – 门槛”。见图 1。

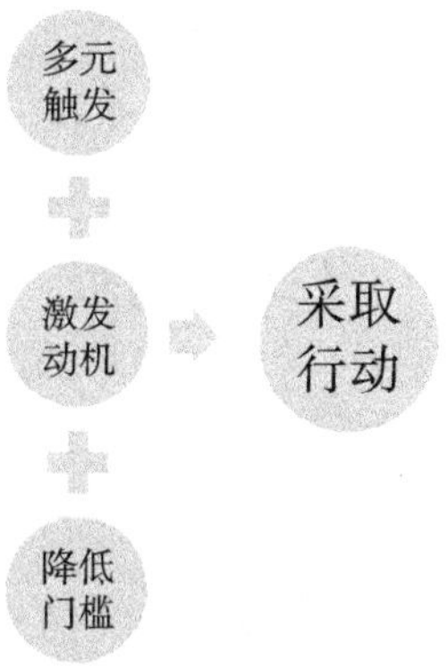

图 1　学术期刊短视频传播策略模型

（一）触发

触发，是指用户进行学术类短视频观看行为的诱因。学术类短视频体量较轻、阅读压力较小。不同于文字阅读内容，短视频的表达形式更多是通过竖屏对话的形式出现，获取信息更便捷，让人更沉浸。因此，学术期刊采用短视

频的方式进行传播在无形中降低了触发难度。

触发的方式分为外部触发与内部触发。外部触发是指受众收到外部的推送从而观看学术类短视频的行为，外部推送是受众观看内容的诱因。在互联网时代，学术期刊越来越注重线上运营策略并以此获取流量。大部分学术期刊开设了官方网站、官方公众号等相关的互联网平台，这些平台之间相互关联，从而成了彼此的外部触发。公众如果在浏览官方公众号时获取了官方网站的信息，进而打开了官方网站，这就完成了官方网站的外部触发。

内部触发是指受众对学术期刊内容本就具有关注，受众关注行为即受众观看内容的诱因。以《自然》（*Nature*）期刊为例，用户可以通过邮件订阅 *Nature Briefing* 了解该期刊中的信息。短视频内容可以嵌入邮件中，当用户主动获取学术期刊类内容时即可触发。触发行为在福格行为模型中起到重要作用，是用户进行观看学术期刊类短视频内容的第一步。

（二）动机

动机，是指受众完成观看短视频内容具有目的性，对内容抱有好奇、期待等心理。好奇心理在学术期刊内容的传播中可以分为两个方面：一方面是与期刊征稿的相关信息，如征稿主题、投稿要求、审稿主题等；另一方面是与学术期刊发布的内容相关的信息，如近期主要有哪些学术成果等。这两个方面的内容可以极大地刺激受众的好奇心。期刊心理对于不同的受众群体来说有不同的表现：对于投稿作者来说，期待心理主要表现为审稿的进度和审稿的结果；而对于普通大众来说，在获得某种满足的情况下，不自觉地会对新的内容的传播产生期待心理。用户在触发条件的驱使下，通过观看学术期刊类短视频可以满足对特定事件的好奇与期待，进一步了解更多学术相关的信息。

（三）门槛

学术类期刊应用短视频传播的门槛主要分为两个方面。

一方面是学术期刊本身的内容所造成的门槛。学术期刊发布的内容具备很强的专业性，而受众的媒介素养和知识储备是不一样的，这就造成了并非所有人都会对某一领域专业性的内容有兴趣并具备理解相关内容的能力，进而产生学术类短视频内容的获取门槛。对于受众来说，观看“理解成本”越高门槛就会越高，门槛越高就越降低受众获取学术期刊类视频的兴趣，从而减少对相关学术内容的获取。

另一方面是短视频本身娱乐化的传播环境也会形成学术类视频的接收门槛。短视频内容以娱乐化为主导，娱乐化的内容占绝大的比重，受众使用短视频绝大多数情况下也是为了娱乐。在这种动机的驱使下，受众会更多选择接收娱乐的内容而过滤掉带有理解难度的知识性视频。这种选择偏好在算法的加持下会进一步减少对学术类视频的接收，从而形成阻碍学术类视频传播的“无形门槛”。

三、科技期刊应用福格行为模型策略分析

作为新兴的互联网平台，短视频以碎片化、直观化、门槛低的特征吸引了越来越多的用户。随着短视频平台发展的不断完善，泛知识化的传播逐渐成为短视频内容的重要“赛道”之一。短视频的迅猛发展成了学术期刊扩大传播影响力的重要途径。但从目前的调查结果来看，学术期刊和短视频的融合还处于起步阶段，这就需要进一步明确发展策略，从而为学术期刊提供“视频出版”的新路径。

（一）内外协力助推，提高触发概率

短视频的传播并不拘泥在短视频平台中，为了提高外部的触发率，学术期刊可以将短视频内容分发到各个渠道当中，利用渠道融合的优势不断扩大学术期刊短视频传播的影响力。学术期刊传播的渠道主要包括线上和线下两大类。线上的主要是各个互联网平台的融合。以“官网”为例，学术期刊可将用户引流到短视频内容中，如《自然》期刊在其官网上设立“Audio & Video”栏目，利用视频形式解读论文给读者留下更深刻的印象，将学术期刊内容立体化延伸，提高读者获取学术信息的效率。线下的主要是利用刊物本身来提高触发率，如可以在刊物上刊登二维码，读者扫描二维码就可以获取相关内容的视频讲解，从而有助于读者对期刊内容了解得更加深入。

从内部的触发率提升来看，短视频内容制作起着决定性的作用。学术类短视频制作应遵循短视频“短、平、快”的特点。内容展现应该开门见山、平铺直叙地传递其核心内容，切忌视频内容时间过长。学术期刊的内容虽然多为严谨专业的知识，但表达形式并不局限。例如，科普的内容可以利用故事化的表达形式，将科普知识幽默、生活地表现出来。不同于以往枯燥、乏味的文字阅读，通过短视频的形式将内容直观化、生动化地展现出来，具有感染力从而更容易被受众所接受 。当用户浏览视频后能收获相关信息或知识，产生对学术类短视频内容的好奇与期待，建立内部触发机制，并通过主动分享优秀内容提高视频外部触发可能，从而使内部触发和外部触发环环相扣，形成良性触发循环。

（二）明确自身定位，激发使用动机

学术期刊要想激发用户接触短视频传播的动机就必须明确自身的定位，学术类短视频的定位可以分为两类。

第一类是相关服务的提供者，主要是针对具有投稿意向或者已经投稿的作者来提供相关的服务，如期刊的介绍、特定主题的征稿、投稿要求、审稿过程、审稿时间等，特别是审稿过程和进度，在以往都是处于“幕后”工作的一种状态，作者无法直观感受到，可以通过短视频的形式将审稿的过程和标准进行直观化地展现，从而有利于作者提供更加具有针对性的学术论文。同时，要注意与受众的互动，在互动的基础上增强受众的接触黏性。这一方面可以定期发布问题解答视频，针对受众在评论区提出的问题进行集中解答；另一方面可以让受众也参与到内容的创作过程中，成为内容的提供者。例如，让投稿成果的作者传递写作经验和投稿经验，从而为其他的投稿者提供借鉴。

第二类是内容的传播者，学术期刊的内容虽然具有专业性，但是内容的传播不应该仅仅局限在特定的专业范围和特定的群体，学术成果应该被大众所共享；而短视频的出现为学术内容的大众化传播提供了一个良好的渠道，论文的作者或者编辑可以通过短视频的形式将论文的内容、研究问题、研究成果等通俗化地展现出来。这不仅有利于知识化内容的传播、激发作者的创作的积极性，而且能够延伸学术论文的服务，最大限度实现学术论文的价值，从而服务知识社会的发展。

（三）内容“软化”传播，降低接触门槛

短期内提高用户阅读文献资料和掌握基本理论知识的能力并不是学术类短视频需要解决的问题，而是要通过学术内容的通俗化展现符合受众目前的接受能力。为此，学术类短视频内容应该降低学术门槛，尽量少用专业词汇或在专有名词中加以解释。学术期刊运营短视频时可以将学术新闻热点类内容为主导，将学术研究成果和当下的热点结合在一起。从受众感兴趣的事件入手来传递学术研究成果不仅能够降低理解难度，而且可以在短时间内吸引更多受众的关注。

以《测绘学报》为例，结合“长征五号”运载火箭成功首飞的热点事件，在抖音短视频平台上策划了关于重型运载火箭的科普视频，取得了良好的传播效果。

现今，短视频平台信息过载想要拉新用户观看视频，不仅制作要精良、内容要引人入胜，短也是重要条件之一。短视频平台注重视频的完成播放率，精简视频内容、压缩内容可以提高完播率。但碎片化解读学术信息也会造成受众接收信息不成系统、不够深入的问题。中国人民大学新闻学院执行院长胡百精教授等多位学者提出，如今我国学术类视频缺少必要的深度，大多科普向视频以零散、浅显内容为主，不利于用户生成全面的观点[9]。为此，学术期刊可以通过短小精悍的“干货”视频吸引用户注意，在一定“粉丝”的基础上，逐渐加强学术类短视频的深度，将内容深入浅出地表现出来。短视频的制作不能迎合受众一味产出“浅知识”内容，应承担社会责任将学术内容立体化、深入化。

四、结语

2020 年，《国家新闻出版署关于加强新华书店网络发行能力建设的通知》中鼓励传统出版利用数字化技术进行升级，探索“互联网＋出版”的融合发展模式，学术期刊拥抱短视频正是数字出版的重要方法之一。但从目前的调查数据来看，学术期刊与短视频的融合还存在多方面的问题，而福格行为模型作为打造互联网产品的重要依托，与学术期刊应用短视频传播非常契合。学术期刊可以利用渠道融合的优势扩大触发机制，通过明确的定位为用户制造“痒点”，引发用户主动观看短视频动机，同时制作紧追热点的学术内容，降低学术门槛，利用生活化、场景化方式分享学术知识，从而提高其在互联网中影响力，打造学术出版新生态。短视频的出现对于学术期刊来说不仅是新的传播渠道，更是品牌价值提升的重要路径，而如何更好地与短视频进行融合，将会成为学术期刊发展的关键。

参考文献

[1] 中国互联网络信息中心（CNNIC）. 第 48 次中国互联网络发展状况统计报告 [EB/OL]. [2022-01-06]. http：//www.cnnic.net.cn/hlwfzyj/hlwxzbg/hlwtjbg/202109/t20210915_71543.htm.

[2] 腾讯网 . 泛知识短视频反攻娱乐 [EB/OL]. [2022-02-15]. https：//new.qq.com/omn/20210727/20210727 A04SLT00.html.

[3] 光明网 . 抖音发布泛知识内容数据报告，过去一年相关视频播放量增长 [EB/OL]. [2022-01-18]. 74% https：//it.gmw.cn/2021-10/13/content_35228694.htm?from=t1b.

[4] 袁楚翘，田龙过，戚晓薇 . 融媒体背景下学术期刊的创新发展策略 [J]. 出版广角，2021（06）：56-58.

[5] 宋启凡 . 学术期刊抖音短视频平台的发展与探索 [J]. 中国科技期刊研究，2021，32（03）：365-371.

[6] 路小静，胡慧河，姚永春 . “使用与满足”理论下学术期刊应用短视频的策略分析 [J]. 科技与出版，2020（10）：45-49.

[7] 艾媒咨询 . 2020—2021 年中国短视频头部市场竞争状况专题研究报告 [EB/OL]. [2022-01-10]. https：//report.iimedia.cn/repo13-0/39293.html?acPlatCode=IIMReport&acFrom=recomBar&iimediaId=76765.

[8] 宋启凡 . 学术期刊抖音短视频平台的发展与探索 [J]. 中国科技期刊研究，2021，32（03）：365-371.

[9] 俄沂彤，刘海荣，齐立海，等 . 大学生科普需求调查研究 [J]. 科技创新与应用，2019（6）：51-52.

媒体融合背景下《三联生活周刊》数字化转型实践

——以“中读”App 为例

唐雪妍（北京印刷学院）

【摘要】互联网时代，传统出版业的融媒体转型是大势所趋。传统期刊社如何在媒体融合的大背景下谋求新的生存空间，《三联生活周刊》融媒体平台的中读 App 提供了可借鉴的范本。本文以《三联生活周刊》的中读 App 为例，从共享经济的角度分析其转型路径，如何发挥自身优势，推动三联品牌的延伸发展。

【关键词】共享；三联生活周刊；中读

一、《三联生活周刊》数字化转型背景

随着媒体融合向全媒体时代全力推进，传统出版业的融媒转型探索也在如火如荼地进行。如何在这场时代浪潮中把握机遇、采取具体的策略措施，是传统出版业媒体能否转型成功的关键。

《三联生活周刊》的前身是 1925 年邹韬奋创办的《生活》周刊，自 1995 年复刊以来，在保证纸质刊物质量稳定的同时，积极开展数字化转型实践。早在

2011年4月2日,《三联生活周刊》就推出了自己的App，但由于仅仅是纸质内容的数字化呈现，收效甚微。2017年3月3日，“中读”App问世，经历几年沉淀的《三联生活周刊》为用户带来了更好的功能体验，如关注专栏作者、沉浸式阅读、个性化订阅和社交化分享等。中读App的出现，也将《三联生活周刊》的数字化转型实践带入新阶段。

（一）三联生活周刊

《三联生活周刊》一直定位为新闻生活文化杂志，颇具历史底蕴。在复刊时由于历史条件的变化,《三联生活周刊》将读者群体锁定为月收入千元以上、中等文化程度以上、关心国家和社会发展的学生、知识分子、机关员工[1]。2001年,《三联生活周刊》宣布做“新时代发展进程中的忠实记录者”“以敏锐姿态反馈新时代、新观念、新潮流，以鲜明个性评论新热点新人类新生活”。自此，其新闻、文化与生活的刊物思想得以明确[2]。之后，在十多年间的数字化转型中，“知识为生活”成为《三联生活周刊》运作的基本逻辑。《三联生活周刊》关注在新时代，知识分子该拥有何种生活观，他们对社会、经济、文化和人生有何态度。从“一本杂志和它倡导的生活”到“一本杂志和他倡导的生活”，一个字的转换使刊物更具人格魅力和亲和力。与其他刊物不同的是，在融媒转型的过程中,《三联生活周刊》始终坚持生活这一定位不动摇，走出了一条属于自己的创新之路。

（二）中读App

中读App的定位为新一代内容发布和付费知识阅读的社交平台，由老牌杂志《三联生活周刊》于2017年5月正式推出上线。“中读”二字的含义则是从传统书籍、杂志的“慢阅读”与社交媒体的碎片化“快阅读”之间寻找一种平衡状态，即“中阅读”的状态。中读 App 从三联作为传统媒体拥有的优质作者群体和内容源出发，依托互联网技术，打造集合专栏作家、意见领袖和知识红人的深度互动性阅读平台。而中读 App 的用户群体依旧与《三联生活周刊》相似，定位于有一定知识储备和阅读需求、有一定的经济实力的中青年用户。

（三）转型的必要性

随着全媒体时代的到来，传统出版行业受到社交媒体碎片化的冲击和挑战，《三联生活周刊》的发展越来越举步维艰。《三联生活周刊》就内部环境而言，一方面，该刊聚焦深度思考及高知文化，读者群体多为学生、知识分子和机关员工，较为小众；另一方面，内容形式多为图文，时效性较差，难以适应当下读者即时化、碎片化的阅读需求。而从外部环境来看，传统刊物发行量逐年下滑，新媒体的出现冲击了杂志的广告收入和客户资源，使办刊压力增加。

在《三联生活周刊》二十余年的办刊运营过程中，实际已经形成大批较为固定的“粉丝”群体。为适应新媒体环境下大众阅读习惯的转变，利用新媒体技术开发适应读者阅读习惯的产品，积极转型，成为《三联生活周刊》得以生存的保证。向技术借力，将杂志的内容优势转化为经验优势，以 IP 化实现知识服务的盈利，能够帮助《三联生活周刊》寻找到新的发展空间。

二、《三联生活周刊》数字化转型实践

（一）内容共享：依托母媒丰富资源，打造优质权威内容

随着社交媒体时代的到来，传播环境和受众心理的巨大变化也带给《三联生活周刊》对于转型和未来发展之路的更多思考。长期以来，《三联生活周刊》

以优质的内容吸引了大批读者，而依托《三联生活周刊》建立的中读App也在转型之路上继承优势，产出了独具特色的内容。

首先，中读App将《三联生活周刊》的文章进行再加工，实现纸质内容数字化呈现。在中读App中可以看到“三联”旗下的《三联生活周刊》《读书》《新知》等杂志的电子版。用户可以通过付费进行阅读，形成强大的内容集群。并且为了适应当下用户的阅读习惯，中读App在每篇文章的开头都会标注建议阅读时长，以提升用户的阅读体验。

其次，“大咖说”作为中读App的重要项目，被定义为知识的声音，自上线以来就备受关注。每期“大咖说”都会邀请明星、知识领袖、三联封面人物等分析当下热点话题。截至2019年10月，中读App“大咖说”栏目已经邀请了马伯庸、李零、马未都、张信哲、张艺兴等多位大咖。他们分享的内容涉及社会生活的各个方面，成为中读App的核心栏目之一。这些大咖本身自带流量，又多关注社会热点话题，所以每期“大咖说”都保持着不错的订阅量和收听率，进一步促进了三联这一品牌的影响力提升。

而“小课”作为中读App的另一个特色栏目，也通过邀请名师大人讲解的方式，带给用户人文社科、生活美学、科普教育等多个领域的内容。该栏目从《三联生活周刊》的封面故事出发，进行选题与拓展，打造精细化的内容，适应用户的阅读节奏。但无论是“大咖说”还是“小课”，无论是中读App还是“松果生活”，《三联生活周刊》始终没有忘记作为一本杂志它所倡导的生活态度，以及带给人们的生活观。

（二）渠道共享：媒体矩阵快速引流，平台联动互动传播

《三联生活周刊》基于“1+N”的产品和服务矩阵，开设了相关的微博和微信公众号，如《三联生活周刊》新浪微博、《三联生活周刊》微信公众号、“中

读”新浪微博、“三联中读”微信公众号和小程序、“三联生活实验室”新浪微博、“松果生活”微信公众号等，实现了传媒平台的矩阵化建设。

而对于中读 App 而言，入局知识付费的优势在于其拥有大量的优质作者和内容，而如何吸引互联网用户是首先需要解决的问题。2017 年 3 月 8 日，中读 App 微信公众号“三联中读”推送了两篇文章为中读 App 的上线预热。其中第二篇“来，向郎朗提一千个问题”被《三联生活周刊》公众号转发，正式开始周刊产品在微信公众号领域的聚合式运营。截至 2021 年 1 月 11 日，“三联中读”微信公众号共推送了 267 篇原创内容，基本以每周推文一次、每次推文八篇的形式为主。在用户活跃度较高的微信公众号上推文头条多为中读 App 的课程和活动更新，实现了最大限度传播；而对使用频率较低的用户而言，也实现了周期性的提示作用，提高了用户留存的成功率。其次，“三联中读”公众号下方工具栏“在线服务”功能中的“内容商城”选项，用户点击后便可直接链接到“中读”小程序，并能在该小程序中使用中读 App 的大部分功能，同时三联 App 的下载二维码始终置顶，引导用户自行下载使用。中读 App 建立的微信传播矩阵，一方面积累了用户和潜在用户数量，另一方面拓宽了用户对于中读 App 甚至三联这一 IP 的信息了解渠道。

中读 App 的新浪微博同样在 2017 年开通，截至 2021 年 1 月 14 日，“粉丝”数为 115345 人，总发博数量为 10012 条。以两年零七个月的运营时间计算，中读平均每日发博 10.6 条，与“三联中读”微信公众号的运营模式大致相同。微博内容除了图书转发抽奖，还会对某一课程的具体内容进行介绍。微博正文中附带购课链接，用户点击后便可通过中读网页版购买该课程。除此之外，中读微博的微博橱窗内放置了大量的课程、VIP 年卡等相关产品，悬浮于某些微博下方以“中读的小店”形式出现，给微博用户提供了更便捷的购课渠道，也使中读 App 的用户来源更丰富。

（三）资源共享：知名内容平台间战略合作，扩大品牌影响力

正如其他极具互联网时代特点的经济模式一样，从诞生到快速发展，再到成熟阶段，知识付费产业只用了不到三年的时间。在当下用户资源存量不足、相似产品间竞争激烈的大背景下，对于中读App这样的知识付费平台而言，如何实现持续长久的发展？首先是要做好精品化的内容，其次是强强联合，谋求跨平台的合作来拓展新的内容传播渠道。在对目标平台的选择上，中读App采取了两条截然不同的线路，分为知乎、千聊、喜马拉雅FM一类的知识付费平台和今日头条一类的新闻资讯平台。而在与平台的合作方式上，中读App也推出了两种不同的合作形式：在知乎、千聊上，采取内容植入的方式；在喜马拉雅FM、今日头条上，采取独立运作平台号、独立运营内容的方式。这样“路线+内容形式”的复合运营策略，规避了在跨平台合作中可能出现的“平台运营模式差异”“平台观念差异”等问题。

除此之外，2018年中读App还与优酷合作，将精品课“宋朝美学十讲”进一步升级为视频的方式在优酷上付费播出，实现了知识付费模式的全新探索。从音频到视频形式的巨大跨越并没有影响“中读”这款精品课的内容效果。目前，这款精品课在优酷评分为8.8分，是中读App在传统纸刊转型升级之路上的乂一突破性成果，也体现了中读App在选题策划和内容制作上的精良。“跨界”并不是一个全新的互联网概念，多元化的跨平台的合作模式，不仅给中读App的未来发展升级提供了一条可行的路径，也为其他纸媒的转型提供了全新的思路与视角。

（四）服务共享：“社交+新媒体+工具”，创建读书分享社区

尽管传统媒体在争夺用户资源中竞争能力相对较弱，但中读App依靠三联

品牌资源和社群化运营的传播逻辑，在线上和线下联动传播，取得了一定的效果。

在线上运营方面，中读App在运营“精品课”栏目过程中，提供了一个“订阅可加群”的策略。用户在订阅项目栏目后，将截图发送给“中读鸭”微信，验证通过后即可加入“三联·大师课交流群”，可以在群里与编辑和其他群友交流。这对于许多读者而言是一件非常有诱惑力的事。而微博的转发抽奖活动是中读App开展的另一线上活动，为中读App在微博渠道的推广助力。中读App官方微博主持的话题“中读·每天一本书”目前累计阅读总量3.1亿，引发讨论量25.9万。中读App官方微博每天早上发博，通过发布一段简单的导读和图书海报展示，微博用户只需要关注并转发即可获得抽奖资格。“三联生活周刊”这一IP的口碑使“中读”书单具有较高的信服力，微博简单的赠书活动也为中读App带来了更丰富的内容传播机会。

三、中读App目前存在的不足与建议

日本茑屋书店创始人增田宗昭曾说“书店的问题就在于它在卖书”，在图书商品和购买渠道都更多元化的当下，如果一家书店能提供给顾客的仅仅是图书本身而没有图书之外的价值，那么是无法吸引顾客进店消费的。这对实体书店适用，对融媒体平台也适用。

传统出版从业者往往将自己看作内容的提供方，常常把内容和技术割裂开来。在他们经营融媒体的过程中，往往是自己提供优质的内容，而将平台运营外包给技术团队。这样看似合理的分工导致将技术产生的消费体验问题变成了与出版者无关的事项。即使中读App这样的平台，在这一方面也有所欠缺。

据2019年1月1日至2020年3月31日在华为和苹果两个应用商店中对中

读 App 的全部评价显示，被提及次数最多的 10 条批评意见分别为“闪退 / 登录故障 / 网络错误，人工客服缺失 / 迟滞，‘书房’页面混乱，付费故障，不能横屏 / 分屏 / 不适配 iPad，收听设计不便，强制更新，划线或读感书写不便，字体太小 / 阅读不便，计时有误”。除去以上具体意见，369 条评价中还有 12 位用户表示“App 配不上内容”，从整体上批评了 App，而对内容提出批评的意见仅有一条。

由此可见，用户对中读 App 提供的内容是普遍认可的，存在不满的方面主要是 App 客户端的稳定性、设计合理性和客服回复率等问题。这些方面虽不属于中读 App 的“内容”，却和内容一起构成了中读 App 所提供的服务，成为用户评价中读 App 的标准。尤其在网络盗版难以完全杜绝的当下，服务成为了用户选择正版的重要理由之一。

知识付费平台多采用 VIP 制度，平台是否给 VIP 用户提供足够的价值感是留住用户的关键。而价值感一方面来自优质 VIP 内容，另一方面来自户体对 App 的深度体验。仔细分析批评意见可以发现，App 设计上的缺陷带来的不适感会在用户使用过程中累积，阻碍普通用户向忠实用户的转化。如果消费者的反馈意见没有及时得到解决，未来必然导致重要用户的流失。

四、对其他纸媒转型的启示

生物学家达尔文曾经提出“物竞天择，适者生存”，在媒介生态系统中也是如此。在当前新媒体簇拥的环境下，传统纸媒如何实现向融媒转型，长久兴盛地发展下去，需要学会取舍，选择自己适合的生态位。在用户资源日益紧张的情况下，生态位的重新规划也迫在眉睫。

（一）生态位的分离与共生：深化内容创新

生态平衡是指生态系统的各个组成部分在相互制约、转化、交换的过程中始终保持动态平衡的状态。而生态位的分离与共生策略指的是从竞争对手空余的生态位中寻找自身新的生存空间，依靠自身独特优势，进而规避风险[3]。对传统纸媒而言，想要兴盛长久地发展，必须发挥自身优势，深化内容创新，填补市场空白。在转型发展的过程中，传统纸媒要依托母媒资源，明确自身定位，探寻发展之路。知识付费时代为纸媒的转型发展提供了内容的深化空间，因此，传统纸媒要依托内容资源实现IP化，以达到价值链条的延伸。同时，就整个行业而言，各大纸媒实现生态位在分离的同时还要和谐共生。

（二）生态位资源共享：打造多种传播渠道

技术驱动下营造的全新传播生态环境，使人们接收到的信息量爆炸，传播需要的时间成本也大为降低。内容优势是成功转型的基础。因此，传统纸媒应提炼IP资源，开发图书、杂志、音频、视频等多类型产品，打造纸媒、门户网站、微博、微信、抖音和App客户端等多种传播渠道，实现内容资源在各传播渠道上的共享。传统媒体与新媒体的结合也更好地解决了新媒体间生态位过于重叠的问题，而传统媒体也可借新媒体实现时空自由。

中读App作为传统媒体拥抱互联网的全新尝试，既继承了传统媒体严格的生产和审核机制，也借鉴了互联网行业专注产品与服务的特质，以知识生产者的身份参与了知识生产与传播的全部过程。“三联中读”以差异化的产品入局知识付费，专注人文社科领域，输出原创、精品的内容，实现了经济效益和社会效益的统一，闯出了一条独特发展之路，为其他传统媒体的转型提供了有益的借鉴。

参考文献

[1] 宋应离 . 中国期刊发展史 [M]. 郑州 ：河南大学出版社，2000.

[2] 《三联生活周刊》编辑部 . 三联生活周刊十年 ：一本杂志和他倡导的生活 [M]. 北京 ：生活 · 读书 · 新知三联书店，2005.

[3] 周也馨 . 媒介生态学视域下视频网站生态位危机及其调整 [J]. 东南传播，2020（06）：128-130.

[4] 张煜君，刘宗元 . 知识服务时代构建融合出版新生态的实践与思考——以《三联生活周刊》知识服务平台中读 App 为例 [J]. 出版广角，2020（23）：33-35.

[5] 马瑞洁 . 传统出版融媒体转型中的营销理念——以中读 App 为主要案例 [J]. 编辑学刊，2020（04）：23-28.

[6] 潘文涛 .《三联生活周刊》“中读”App 内容运营策略研究 [D]. 开封 ：河南大学，2019.

人类命运共同体理念下的全球科技创新传播

李苏泽宇（北京印刷学院新闻出版学院）

【摘要】科学技术是人类历史中的伟大创造，科技创新是人类文明不断发展的助推器，更是实现人类命运共同体的有力工具。现如今，新冠肺炎疫情扰乱全球经济社会合作，全人类陷入变革期，不稳定性和不确定性呈上升趋势。在这一背景下，在全球开展科技创新合作是必要的。本文从人类命运共同体视角出发，探究全球科技创新协作的意义，并提出切实可行的方法来更好地实现全球科技创新协作。

【关键词】人类命运共同体；科技创新传播；共建共享

科技革命是一种根本性和普遍性的改革。科学技术对于中国的发展和繁荣起着至关重要的作用。现如今，中国在自身发展的同时，还展现了“天下为公，舍我其谁”的使命担当。新冠肺炎疫情下，中国向多个发展中国家免费援助新冠疫苗，与世界共享抗疫方案，都是对习近平总书记所提出的命运共同体理念的生动诠释。当今正处于百年未有之大变局，没有哪个国家能独善其身，只有在人类命运共同体理念的指引下，在全领域展开科技创新协作，才能让中国发展成果造福中国人民，让中国成果普惠全世界。

习近平总书记在向2021中关村论坛视频致贺时指出，“当今时代发展科学技术需要具有全球视野，把握时代脉搏，紧扣人类生产生活提出的新要求”，强调“中国高度重视科技创新，致力于推动全球科技创新协作”[1]。习近平总书记关于全球创新协作的论述，对中国利用科技创新获取新发展领域，在国际大舞台大放异彩，践行国际创新合作，构建更佳创新环境，并在科技创新协作中全面、积极、可持续地应对时代挑战方面具有重要的指导意义。

一、在人类命运共同体理念下推动全球科技创新协作意义重大

（一）有利于携手迎接更多全球性挑战

近年来，全球形势变化剧烈，众多全球性问题和挑战亟须解决。香港中文大学（深圳）郑永年认为：“尽管国际秩序因为大国关系的变化而变化，但无论是改革还是重塑国际秩序，都需要大国之间的合作。”[2]现如今包括气候变暖、公共卫生、新冠肺炎疫情、环境污染、互联网安全和资源浪费等全球性挑战，不是一个或几个国家能解决的。这正说明，习近平总书记提倡的人类命运共同体越来越具有现实的需要，“当今世界，各个国家的联系和依存程度逐渐加深，人类生活在同一个地球村里，生活在历史的余波和现实影响的时空中，越来越成为你中有我，我中有你的命运共同体”[3]。在同一个地球村中，全球各国的利益交错重叠，命运紧密相连，没有任何时候比当下的各国关系更加紧密，没有哪个国家能够孤立地享受发展成果或者独自成为全球创新中心。对于任何国家来说，只有积极推动全球创新协作，加大科技合作力度，才能更好地应对全球性问题和挑战，从全球性成果中获得自身的发展机会，也对世界协调发展做出贡献。

（二）有利于为解决全球发展面临的重大现实问题、完善全球科技治理提供重要理念指引

2021 年，全球新冠肺炎疫情反复无常，尽管作为世界上少有的有效控制疫情传播的国家之一，我国的疫情反扑情况依然不容乐观。在全球抗疫的进程中，离不开全球科技的合作和创新。2020 年 2 月，我国相关部门与美国一起共享和同步了自主收录的多株新冠病毒基因。这一举措为往后的诊断治愈、药物筛选及疫苗研发等领域打下了基础，为全球抗疫工作提供了中国方案。

现如今，人类社会离不开科技的创新协作。翻天覆地的科技发展，以美国为代表的发达国家经济疲软及世界多极化的趋势愈演愈烈，任何国家和地区都无法“一家独大”，互补融合和“强强联合”才是人类科技进步的正道。世界性的问题，需要科技的治理，从根本上来说要研究公共性物资在世界范围内合理流动的解决办法。这种类型的协作从观念上不易产生异议，能达成共同的认识[4]，但全球科技治理依然危机四伏。在 2030 年前，联合国提出了 17 个可持续发展目标：和平正义、消除贫困、振兴教育、产业创新、气候变化……世界科技创新的发展为每一个目标的实现提供方案。世界可持续发展离不开全球科技创新合作，只有扩大国际交流合作，才可能为高成本的全球科技治理提供理念指引。

（三）有利于把握全球发展方向，促进发展中国家发展

习近平总书记强调：“科学技术未曾像今天这样深刻影响着国家前途命运，从来没有像今天这样深刻影响着人民生活福祉。[5]”联合国报告指出，在财政紧缺的情况下，发达国家和发展中国家都不同程度地下调了国内科研投入。世界经济普遍下行，对于以国际组织和教科文组织为代表的非营利性组织打击颇

大。美国的频频"退群"对全球经济来说无疑是雪上加霜。如何将现有的科研成果实现公平而科学有效地分配，也是一个需要把握的方向性问题[6]。

这一现状对于发展中国家的影响更加深远。世界卫生组织的调查报告指出，现如今的世界资助研究项目普遍集中在发达国家和高收入国家，而发展中国家和低收入国家却鲜有资金支持。在科技研发领域中，这是普遍存在的现象。因此，如何找寻科学有效地改变世界研发项目，打破人才、资源不平衡的恶性循环，需要我们共同携手合作。在国际科技合作大趋势下，推动全球科技创新协作是必不可少的。对于广大发展中国家来说，这是提升科技创新创造实力、构建优势互补、培育增长新动力的最好机会。

二、准确把握全球科技创新协作的新方向

（一）主动融入全球创新网络

我们应在全球科技合作的基础上全面而主动地融入国际科技创新网络，既要打造高效有序的世界科技合作全平台，又要顺应世界经济全球化和科技合作化的时代趋势。科学界普遍认为，以"一带一路"为代表的国家级顶层合作协议就是融入全球创新网络的载体平台，通过"一带一路"积极开展科技外交，广泛参加全球创新协作[7]。借助"一带一路"建构起多样高效的全球科技创新协作机制体制，建立起中国和"一带一路"沿线国家和地区的高水准、高质量的科技协作模式，从而实现更强的合作方案以应对世界性或地区性的难题。未来，我国应继续践行"一带一路"倡议，吸引更多国家和地区融入全球创新网络。

"一带一路"之所以是一条科技协作的康庄大道，一方面，"一带一路"走的是创新之路，国与国、国与地区之间的科技合作是"一带一路"推进的前提和基础；另一方面，"一带一路"沿线国家经济发展较为落后，科技实力较弱，

我国与其合作空间大，发展前景好。目前，我国与“一带一路”沿线国家科技协作的成果斐然[8]。中巴经济走廊作为“一带一路”的重点工程，正成为中国和巴基斯坦两国协同进步的“喷射器和合作带”，同时也成为人类命运共同体理念的生动写照。中国和巴基斯坦两国曾在2018年年底发表声明，该声明表示两国将扩大在科技创新、航空航天、农业技术、海洋探索等领域的合作，并且拓展两国在农业、手工业、食品安全、能源等相关行业的协作，提高两国人民生活水平[9]。截至2021年，中巴经济走廊有了三大新成就：第一是解决了巴基斯坦电力紧缺问题，增加了巴基斯坦原有基础上25%的电力供应；第二是完善了巴基斯坦公路网络，公路是打通经济走廊的命脉，修建公路使巴基斯坦全国交通运输得到完善；第三是瓜达尔港正式投入运营，基础建设得到完善，同时还带动了周边地区的经济发展。这三点成就给巴基斯坦带来了切实的好处，增加了大量的就业岗位，使当地人民生活质量大幅上升。但同时，巴基斯坦的农业相对落后，机械化程度较低，也亟须应对和解决。由此可见，只有团结起来并在科技领域展开科技协作，才能在面对机遇和挑战时把握机会。中国融入创新协作网络是践行人类命运共同体的重要举措，也是为周边国家和地区提供中国方案的重要实践。

融入全球创新网络是迎接全球性挑战、践行人类命运共同体理念的重要基础。中国和巴基斯坦两国的合作经历说明，只有互信互助才能建立起平等和谐的人类命运共同体合作模式，传播并弘扬人类命运共同体的共享理念，促进人类命运共同体的持续性进步。

（二）保护和激励创新

习近平总书记指出：“创新是引领发展的第一动力，保护知识产权就是保护创新。[10]”现如今，世界正面临新一轮产业革命和科技变革，我国作为创新大国在全球范围内有重要地位。我国在北斗导航、太空探索、深海探测、5G通信等高新技术领域取得了重大突破和成就。2019年，我国在《专利合作条约》（PCT）递交的世界性专利申请达5.5万件，全球第一[11]。专利数量直接与国家创新水平挂钩，而保护知识产权者的合法权益，就是保护和激励创新。知识产权制度的建立从制度层面对技术创新进行保护，是对创新创造的有效保护机制。历史经验告诉我们，任何国家都需要掌握独有的科学技术，这些技术不是买来的，不是讨来的，也不是要来的。只有牢牢掌握核心技术，才能从根本上保障国家安全、经济安全和人民安全。从长远的角度来说，切实保护知识产权，从根本上实现对关键科技的自控和自用，不但是社会主义新时代实施创新驱动发展战略的强劲动力，而且是对国家安全的切实保障。

保护知识产权不仅是对自身创新能力的保护，更是对全人类命运的守护。我们要有全球视野，扩大知识产权领域的对外开放，完善国际对话交流机制，建立起符合多方利益的国际标准和准则。一方面，毫不动摇地高举全球化旗帜，倡导自由平等的贸易体系，建立知识产权保护体系，加强在世界贸易组织、联合国等国际机构和"一带一路"等多边协作中的合作；另一方面，坚决抵制贸易保护主义，通过"双边""周边""多边"和"小多边"等合作形式，形成"四边联动、协调推进"的机制，在金融、传媒、技术和商贸等领域开展积极高效的合作和交流[12]。

保护知识产权离不开各国间有效的知识产权相关的合作模式，创立高规格的合作平台，开展数据、信息、知识资源务实合作，完善知识专利审查、相关检索、专业培训等个性化的服务模式。此外，我们还要制定并实施"知识产权外交"政策，积极践行知识产权外交道路，建立各类非政府组织和各大企业机构对知识产权保护规则拟定和推广模式，推进国内产业联盟和服务机构等组织与国外相关组织的沟通协作。除此之外，非政府组织的作用也不容忽视，应充分发挥其去政治化、去意识形态的特点，积极倡导技术中立、知识产权中立的观点，开展知识产权领域的务实外交[13]。

（三）推动科技成果造福全人类

自中国共产党第十九次全国代表大会以来，我国开展了积极主动的科技外交事务，不断与世界各科技创新型国家展开积极的科技协作。不论是广度还是深度，我国科技外交都达到了新高度。2021 年 5 月，习近平总书记在两院院士大会上发表重要讲话时提出：“我们扩大科技领域开放合作，积极融入全球科技创新网络，积极参与并解决人类面临的重大挑战，努力推动科技创新成果惠及更多国家和人民。[14]”

根据科技创新的视角，欠发达国家由于经济水平较低，所以在世界各国中一直处于落后的排名。在现阶段，少数发达国家把控了全球科技资源，对于发展中国家的压制更加强烈[15]。我国在保证自身发展的同时，主动推进全球科技创新治理，建立起让科技成果造福全人类的重大课题目标，在世界范围内传播国际社会普遍认可的理念。我国始终以在世界范围内建立人类命运共同体为己任，始终坚持提高科技创新水平和能力，努力成为全球创新协作的引领者和推动者。

新冠肺炎疫情肆虐全球，中国在抗疫方面取得了突出成就，与世界科技界展开科技协作，以实际行动践行人类命运共同体。2020 年 1 月，中国科学工作者从病毒样本中分离出新冠病毒并向世界主动公开了病毒的全基因组序列，在世界范围内受到了极高的评价。李兰娟、钟南山、张文宏等专家与武汉抗疫一线的专家学者一起通过视频通话与国外专医务工作者进行交流，分享检测诊断、医院防疫方案、中医医治经验、重症患者监护、医务人员管理等经验。中华医学会、中科院等机构团体开展科技交流会，与世界共享中国方案，包括最新医疗方案、信息数据等。数百种中国科技期刊主动向世界卫生组织提交相关数据，以丰富新冠病毒项目数据，为世界新冠病毒防控贡献中国力量。2021 年 11 月，国家国际发展合作署署长罗照辉出席中国政府援助柬埔寨新一批疫苗交接仪式时致辞表示，中国迄今已向 110 个国家和国际组织提供了超过 17 亿剂疫苗，居世界各国之首，年内将提供超过 20 亿剂疫苗。中国还同 19 个发展中国家开展疫苗联合生产，同 30 多个国家一道发起“一带一路”疫苗合作伙伴关系倡议 [16]。

习近平总书记指出：“科技成果应该造福全人类，而不应该成为限制、遏制其他国家发展的手段。”中国始终以科技向善为价值理念，让科技创新成果惠及更多国家和人民。

三、如何利用共同体理念践行全球科技创新协作

（一）推动交流合作，以协作之心开放扩大科技“朋友圈”

科技的发展离不开对外的合作和交流，通过科技外交，可以增进彼此了解，达成相关共识，从而实现共赢。中国逐渐开展科技领域的对外开放合作项目，组织召开了世界级别的科技论坛、会议，在全球科技界享有盛誉。2012 年 8 月，时任国家副主席的习近平同志参加第 28 届国际天文学联合会开幕式，习近平强调国际合作是重要的提高科学技术的方式，要通过科技创新解决全人类的普遍问题，包括自然灾害、粮食安全、生态环境、气候变化、能源资源等重要问题 [17]。

2021 年 10 月召开的中关村论坛，邀请图灵奖、诺贝尔奖获得者以 VR 的形式云端出席会议，展示了强大的技术实力，让科技论坛极具科技感，同时为国际科技创新的传播和合作贡献了更多中国力量 [18]。

近年来，人类命运共同体的理念逐渐深入人心，中国越来越成为世界的焦点。科技创新是中国未来发展的重中之重，这离不开世界的科技创新合作，中国将成为世界创新协作的交会点，吸引各国科技人才前来商讨和交流，开放

共享我们的“科技圈”，在世界创新中把握话语权，引领人类命运共同体的发展走向。

（二）积极主动出击，广纳全球英才打造国际大平台

科技能解决世界性难题，应对全球性风险。科学技术的根本还是在人，是隐藏在技术背后的科学家和科技工作者。将世界范围内的科学家集中起来，才能办大事、办好事。习近平总书记曾倡议建立世界性的创新中心和联合国大数据研究中心，我国科学家也曾推行世界科学家规划，其目的就是吸纳来自全球各国和地区的科学家共聚一堂，探讨学术研究成果。北京作为全国科技创新中心，可以利用地域优势，吸引国际科学组织来京设立分支机构或在华总部，吸引外国科学家在京从事科研活动，打造具有国际视野的全球化科技协作模式。“一带一路”国际科学组织联盟于2018年在北京挂牌，帮助各国展开合作，共商全球性难题、促进国与国之间交流和了解，并在实践中提高全球科技创新协作能力。2021年4月23日，国际科学组织联盟主办的第四届中国国际水稻论坛在海南三亚召开，来自中国、尼泊尔、巴基斯坦等“一带一路”沿线国家和地区的300余名科学工作者现场参会，上万人线上参会[19]。该论坛吸引了如此众多的科学家参会，足以说明建立国际平台的重要性，只有聚万众之力，才能更好地实现全球科技协作。

（三）务实推进国际合作项目，在重点领域提高创新能力

新一轮科技革命是未来各国抢占的制高点，网络化、智能化、数字化是未来科技进步的发展方向，也是人类生活的理想社会的重要一方面。推进全球创新协作，意味着我们要更加主动地融入经济全球化的浪潮，既要坚持国内大循环，也要坚持开放的国内国际双循环。目前，我国在某些重点领域还存在不足，这

更要求我们要积极主动地开展紧密、严谨的科技合作，解决关键技术问题，以全球视野理性看待差距，弥补不足。此外，还要做到深谋远虑，对某些已经处于世界领先地位的技术成果也不能放松，如在通信工程、深空探测等领域，应制定长远的发展目标和计划。

四、总结

科技应该造福中国人民、造福全人类。统一战线历来是中国共产党领导人民克敌制胜的重要法宝，这一法宝的光辉也照亮了科技界。我们只有高举人类命运共同体的旗帜，在世界范围内推动科技合作，积极推进全球科学家友好交流，打造更具开放性的“地球村”交流平台，才能更好地实现全球科技创新协作。习近平总书记提出的人类命运共同体理念正成为全球科技创新协作的重要指导，也正成为中国推动全球经济繁荣发展，提高全球科技创新水平和世界人民生活水平的中国智慧、中国方案。这是推动人类发展进步的重要力量。

参考文献

[1] 方力，任晓刚．推动全球科技创新协作 [N]. 人民日报，2021-11-11（009）.

[2] 光明网．全球性挑战唤醒命运共同体意识 [EB/OL].（2021-11-23）[2021-11-23]. https：//m.gmw.cn/baijia/2021-09/19/35176561.html.

[3] 常红利．新时代中国特色社会主义理论与实践研究 [M]. 北京：经济管理出版社，2021：168.

[4] 习近平．努力成为世界主要科学中心和创新高地 [EB/OL].(2021-03-15)[2022-03-07]http://www.gov.cn/xinwen/2021-03/15/content_5593022.htm

[5] 张弦．我们需要怎样的全球科技治理 [N]. 学习时报，2020-08-28（002）.

[6] 王智新．国际科技合作融入全球创新网络研究评述与展望 [J]. 科学管理研究，2021，39（01）：163-167.

[7] 许培源，程钦良．“一带一路”国际科技合作的经济增长效应 [J]. 财经研究，2020，46（05）：140-154.

[8] 邸玉娜．从中巴经济走廊实践看人类命运共同体构建中的科技创新合作 [J]. 中国科技论坛，2020（04）：8-10.

[9] 新华社．习近平主持中央政治局第二十五次集体学习并讲话 [EB/OL].（2021-11-23）[2022-01-08]. http：//www.gov.cn/xinwen/2020-12/01/content_5566183.htm.

[10] 佘颖．中国专利“含金量”越来越高 [N]. 经济日报，2020-04-24（05）.

[11] 中国新闻网．中国加快构建“四边联动、协调推进”知识产权国际合作新格局 [EB/OL].（2021-11-23）. https：//www.chinanews.com.cn/gn/2020/04-23/9165615.shtml.

[12] 易继明．知识产权强国建设的基本思路和主要任务 [J]. 知识产权，2021（10）：13-40.

[13] 习近平．在中国科学院第二十次院士大会、中国工程院第十五次院士大会、中国科协第十次全国代表大会上的讲话 [N]. 人民日报，2021-05-29（002）.

[14] 曾婧婧，张阿城．中国参与国际科技合作 30 年（1987-2016）：论文合著与项目合作分析视角 [J]. 科技进步与对策，2018，35（11）：1-9.

[15] 北京日报．中国已向 110 个国家和国际组织提供超 17 亿剂疫苗 [EB/OL].（2021-11-23）[2022-01-08]. https：//baijiahao.baidu.com/s?id=1716927450482112554&wfr=spider&for=pc

[16] 中国新闻网．习近平出席国际天文学联合会第 28 届大会开幕式 [EB/OL].（2021-11-23）[2022-01-10]. https：//www.chinanews.com/gn/2012/08-21/4123333.shtml.

[17] 中关村论坛．让图灵奖、诺奖得主“从画中走来”，沉浸式参会有多上头 [EB/OL].（2021-11-23）[2022-01-10]. http：//www.zgcforum.com.cn/zh/newsltdt/20211020/4242.html

[18] 罗晖．以人类命运共同体理念重构科技外交战略的思考 [J]. 科技导报，2021，39（06）：9-17.

[19] “一带一路”国际科技组织联盟．第四届中国（三亚）国际水稻论坛、ANSO 水稻农业品种技术创新转移培训于三亚成功举办 [EB/OL].（2021-11-23）[2022-01-10]. http：//www.anso.org.cn/ch/top/202105/t20210511_639241.html.

出版社高收听党建类有声书生成机制研究
——基于 SOR 理论的多平台个案定性比较分析

刘一鸣（湘潭大学公共管理学院）
谢泽杭（华东师范大学政治与国际关系学院）

【摘要】建党百年背景下，出版社党建类有声书在 2021 年发挥着越来越重要的作用。基于“刺激—有机体—反应”SOR 理论，本文从刺激受众收听党建类有声书的内容、形式及付费三大维度出发，探寻出版社高收听党建类有声书影响因素，选取多平台 30 个有声书案例进行定性比较分析。研究发现，出版社高收听党建类有声书存在免费故事型、知识传播型、平凡人物型、重大事件型四种生成机理。

【关键词】党建；有声书；SOR 理论；定性比较分析

“百年征程波澜壮阔，百年初心历久弥坚。”聚党心赢民心，习近平总书记指出，不仅要“加强和改进中央和国家机关党的建设”，还要“抓好基层党建”“基础不牢，地动山摇”，着力推动党建文化在社会各层面广泛传播。党建文化属于党建研究中的重要理论范畴，在第一个百年奋斗目标即将实现之际，它越发受到关注。党建文化包括作用于党建实践的价值观念、情感态度、信仰认同和思维方式，一般通过党史、讲话、公报等形式展现[1]。

近年来，有声书以其方便快捷、解放双眼的优势迅速扩张，2020年受众规模达5.62亿[2]，有声书已成为数字出版产业的重要组成部分，也成为党建文化传播的关键力量。党的十九大后，各大有声书平台纷纷开设党建文化专区，如懒人听书“党政专栏”、喜马拉雅FM“党员学习园地”、蜻蜓FM“党建专区”等。作为有声书产业的重要内容支柱，建党百年背景下，出版社利用有声书平台打造出系列专辑弘扬党建文化。那么，出版社党建类有声书应该如何发展以吸引受众，从而实现高效传播？本文选取2020年有声书产业受众规模最大的3个平台[3]，通过对30个党建类有声书样本定性比较分析，探求其高收听生成机理，以期为出版社推出更受欢迎的党建类有声书，促进党建文化广泛传播提供借鉴。

一、党建文化传播文献回顾

党建文化传播一直以来都受到各国政党高度重视，它关系着政党吸引力与执政根基。波帕等[4]通过对28个国家175个政党的调查发现，在竞选活动前利用新闻稿和网络社交媒体开展宣传的政党容易构建“机会结构”（Opportunity Structures），营造有利信息环境，从而赢得竞选。勃朗宁等[5]利用“政党—公共关系”框架和结构方程模型，论证了在传统媒体和新媒体环境下，有效的党建文化传播对政党声誉有重要影响。聚焦到国内党建类出版物研究，杜念峰[6]认为，意识形态关乎旗帜、关乎道路、关乎国家政治安全，作为党意识形态重要阵地的出版社要按照自身职责定位积极传播党建文化。李冰等[7]指出，新媒体环境下，人民群众对党建关注度逐步提升，出版社在传播党建文化时，必须坚持问题导向，在注重内容质量的基础上，还应创新传播形式，满足最广泛受众的需求。张福平等[8]也提出相似观点，认为信息网络化时代的党建文化传播应注重内容制作、用户体验等多方面传播逻辑。

已有研究对党建文化传播进行了一定探索，并呈现出较为突出的特点。国外研究重实证但缺少对中国党建文化传播的关照。国外研究大多通过调查方式探寻党建文化传播对于受众政治认同的影响，为开展党建文化传播研究提供良好范式。其着眼于西方国家，而中国国家制度与西方存在较大差异，结论未必适用。国内研究重论述轻实证，多以线上线下出版物为例剖析党建文化传播现状、问题与对策，但缺乏调查数据支撑研究结论。本研究聚焦中国出版社党建类有声书，将“高收听”作为评判党建文化传播效果重要依据，通过调查实证对多有声书平台 30 个典型案例开展定性比较分析，探索其高收听生成机理。

二、出版社党建类有声书研究的理论基础与变量选取

基于刺激—有机体—反应（Stimuli Organism Response，SOR）理论，从刺激受众收听党建类有声书的内容、形式及付费三大维度出发选取变量，探寻出版社高收听党建类有声书影响因素。

（一）SOR 理论概述

“刺激—有机体—反应”SOR 理论是建立在认知模式上的学习理论，是被各学科领域广泛运用的行为机理研究范式。它认为，外界刺激有机体产生一定心理状态，从而影响其行为结果。甘春梅[9]认为，互联网环境下，媒介对有机体的刺激表现为通过表达的内容及形式吸引用户沉浸其中，使受众做出反应。李沁[10]指出，媒介刺激受众产生沉浸感，沉浸式传播无处不在，这使研

究不得不重新定义人与媒介的关系，在重视传播内容的同时，不可忽视媒介本身的重要价值。王栋晗[11]等通过对在线内容付费媒介的研究，也证明了互联网媒介自身产生的内容价值及形式价值，刺激受众沉浸于媒介环境中，从而做出观看、采纳和付费等行为选择。综上所述，个体的沉浸感很大程度上是由外界信息内容和形式刺激产生的，而沉浸感的出现则有益于受众行为——收听的产生。

（二）出版社高收听党建类有声书变量选取

对于出版社党建类有声书而言，刺激受众产生沉浸感的内容是指受众所收听到的文字信息，形式则是指有声书有别于纸质出版物，在制作过程中加入的声音形态。基于 SOR 理论，如表 1 所示，国内外较有影响力的有声书受众行为影响因素研究，邀请 5 位有声书领域专家结合实际，参与讨论出版社高收听党建类有声书初始影响因素，获得 16 个初始变量。

表 1　有声书受众行为影响因素研究

研究对象	作者	影响因素		
		内容	形式	其他
出版社有声书	格热戈兹等[12]	故事性	临场感	付费
儿童有声书	卡希尔等[13]	主人公知名	音效、朗读者语调、朗读者音量	付费
有声书 App	华林[14]	有用性、格式化	互动性	系统服务、付费
有声书 App	叶阳等[15]	有用性、娱乐性	互动性	社会影响、系统易用
付费有声书	高志辉[16]	知识效用、内容专业全面趣味、选题	语调	系统服务、付费价格
有声书 App	柯佳秀等[17]	绩效期望、娱乐性	音效	成本、社会影响、获取便利

使用德尔菲法（专家调查法）进行问卷调查，对初始变量重要性和易得性打分。调查对象覆盖高校、出版社、有声书企业等不同行业领域。同时，本研究对出版社党建类有声书受众开展调查，作为最终影响因素选取的重要参考依据。问卷问项中重要性程度采用李克特五级量表，1~5 分别表示“很不重要”“不重要”“一般”“重要”“很重要”；易得性分为“易得”和“不易得”两个等级，1 表示“易得”，0 表示“不易得”。共向专家发放问卷 40 份，收回有效问卷 37 份，向受众发放问卷 135 份，收回有效问卷 121 份。将专家与受众问卷的权重分别设置为 80% 与 20%。将问卷结果的重要性程度归一化处理，选取重要性和易得性均大于 0.8 的变量，构建出版社高收听党建类有声书生成机理示意图，见图 1。

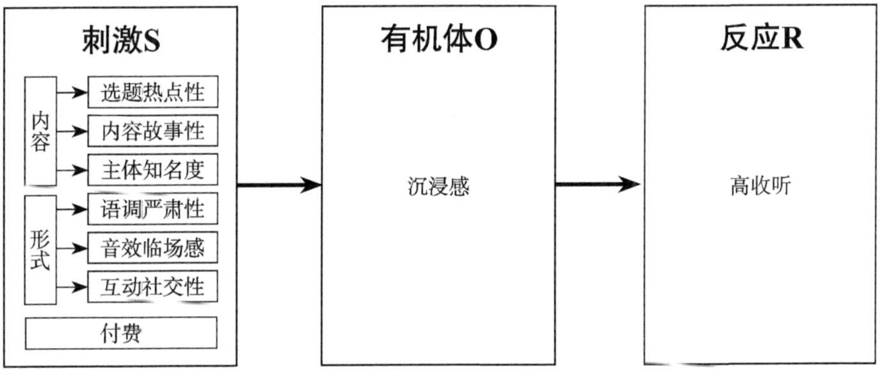

图 1　出版社高收听党建类有声书生成机理示意

如图 1 所示，利用德尔菲法选取与出版社高收听党建类有声书生成机理密切相关且数据易得的 7 个变量。内容包含选题热点性、内容故事性和主体知名度，形式维度涵盖语调严肃性、音效临场感和互动社交性。除内容和形式外，专家和已有文献研究多认为，付费变量在不同条件组合下也会成为刺激有机体产生沉浸感的重要因素。出版社党建类有声书通过内容、形式及付费三大维度使受众产生沉浸感，让其做出收听反应，进而推动高收听机理产生。变量编码及判断说明如表 2 所示。

表 2　变量编码及判断说明

变量类型	变量	判断说明	赋值编码
条件变量	选题热点性 HT	有时政热点叠加	1
		无时政热点叠加	0
	内容故事性 CS	内容以生动的故事讲述为主	1
		内容以基础性党建知识为主	0
	主体知名度 SV	内容主体是知名人物或地点或事件	1
		内容主体不是知名人物或地点或事件	0
	语调严肃性 PS	语调以严肃庄重的陈述为主	1
		语调以轻松活泼的叙述为主	0
	音效临场感 SP	通过声音特效强化临场感	1
		没有通过声音特效强化临场感	0
	互动社交性 SI	有声书中号召用户参与互动或提供互动方式	1
		有声书中没有号召用户参与互动或提供互动方式	0
	付费 P	需要付费才可收听	1
		无须付费即可收听	0
结果变量	高收听 HL	播放量 ≥500 万次	1
		播放量 <500 万次	0

三、QCA 方法与出版社党建类有声书实证研究案例选择

运用清晰集定性比较分析方法，选取喜马拉雅 FM、懒人听书、蜻蜓 FM 三大平台 30 个代表性有声书案例进行分析。

（一）QCA 方法概述

定性比较分析（Qualitative Comparative Analysis，QCA）方法由美国社会学家查尔斯·C. 拉金提出并完善。该方法将定量与定性分析优势结合，既突破传统定量统计分析方法认为自变量间相互独立的局限，又弥补单一个案说服力欠缺的不足。QCA 方法以集合论为基本思想，基于布尔代数原理，通过对中小样本（10~60个）案例的研究，考察复杂社会现象条件组合与影响方式[18]。该方法分为清晰集（csQCA）、多值集（mvQCA）与模糊集（fsQCA）。其中，清晰集定性比较分析对于处理二分变量赋值最为有效，即设定条件变量后，在具体每一案例中显现或不显现，分别对应赋值 1 与 0。为避免计算结果过于复杂，条件变量通常选取 3~8 个。研究所选变量均为二分变量，故选用清晰集定性比较分析方法。

（二）出版社党建类有声书案例选择

案例立足 2020 年有声书产业受众规模最大的三个平台——喜马拉雅 FM、懒人听书、蜻蜓 FM，在各个平台党建专区内根据播放量排序，根据页面发布者信息，剔除发布主体非出版社的有声书，选择三大平台各自播放量最多的前 10 本出版社党建类有声书，最终获得如表 3 所示 30 个研究案例。

表 3　出版社党建类有声书案例

编号	有声书标题	发布平台	发布主体	播放量（万次）
C1	习近平新时代中国特色社会主义思想学习纲要	喜马拉雅 FM	学习出版社、人民出版社	15300
C2	决定中国命运的 700 天	蜻蜓 FM	湖南人民出版社	6591.6
C3	党的十九届五中全会《建议》学习辅导百问	喜马拉雅 FM	学习出版社	4333.2
C4	苦难辉煌	蜻蜓 FM	作家出版社	3557.5

续表

编号	有声书标题	发布平台	发布主体	播放量（万次）
C5	习近平谈治国理政（第三卷）	喜马拉雅 FM	外文出版社	2136.7
C6	杨得志回忆录	蜻蜓 FM	解放军出版社	1807.8
C7	暗战	蜻蜓 FM	九州出版社	1465.9
C8	平易近人——习近平的语言力量	喜马拉雅 FM	上海交通大学出版社	925.1
C9	毛泽东周恩来与长征	懒人听书	作家出版社	903
C10	伪装者	蜻蜓 FM	化学工业出版社	830.6
C11	熊向晖：我的情报与外交生涯	蜻蜓 FM	中信出版集团	802
C12	毛泽东传	喜马拉雅 FM	中国人民大学出版社	771.8
C13	红船	懒人听书	天地出版社	654
C14	苦难辉煌	懒人听书	作家出版社	554
C15	习近平的七年知青岁月	喜马拉雅 FM	中共中央党校出版社	482.1
C16	中共十九届四中全会决定辅导读本	喜马拉雅 FM	人民出版社	409.5
C17	上甘岭：攻不破的东方壁垒	懒人听书	四川人民出版社	396
C18	统一大业 1（揭秘 60 年台海风云）	懒人听书	天地出版社	297
C19	为什么是毛泽东	懒人听书	光明日报出版社	294
C20	王兆相回忆录	蜻蜓 FM	军事科学出版社	244
C21	毛泽东“南方决策”	懒人听书	华文出版社	211
C22	红墙深处	懒人听书	四川人民出版社	194
C23	余秋里回忆录	蜻蜓 FM	人民出版社	177
C24	十九届四中全会公报	喜马拉雅 FM	人民出版社	175.9
C25	上海改革开放 40 年 40 个故事	喜马拉雅 FM	上海人民出版社	171.9
C26	大授衔：1955 年授衔内幕，揭秘中国共产党决胜之道	喜马拉雅 FM	现代出版社	152.5
C27	红星照耀中国	懒人听书	人民文学出版社	151
C28	中共高层与西安事变	蜻蜓 FM	中国民主法制出版社	124.1
C29	给“90 后”讲讲马克思	蜻蜓 FM	东方出版社	94.4
C30	壮丽人生——邓小平	懒人听书	华文出版社	88

四、出版社党建类有声书实证研究的数据采集与结果分析

数据采集于 2021 年 4 月 4 日，根据专家论证，将 500 万次播放量作为“高收听”界线，共得到三大平台 14 个出版社高收听党建类有声书案例。本文对所有案例进行单变量必要性分析与条件组合分析，探求高收听党建类有声书生成机理。

（一）基于 QCA 的单变量必要性分析

在 QCA 方法中，单变量必要性分析用以检验是否存在导致结果变量必然发生的条件。变量之间是否存在必要性可通过一致性和覆盖率来确定。一致性是经验性实例支持存在一个集合理论关系的主张程度，即表明条件变量是结果超集的程度。一致性大于 0.9 时，该项条件变量对结果变量具有必要性。覆盖率表示一致超集的经验相关性，覆盖率越大，代表该条件变量对案例解释程度越高，一般以 0.6 作为临界标准[19]。其计算公式如下，具体分析结果如表 4 所示。

$$\text{Consistency}（Xi \leqslant Yi）= \sum [\min（X_i，Y_i）] / \sum（X_i） \quad （1）$$

$$\text{Coverage}（Xi \leqslant Yi）= \sum [\min（X_i，Y_i）] / Y_i \quad （2）$$

表 4　出版社高收听党建类有声书生成机理单变量必要性分析

结果变量：HL		
变量名	一致性	覆盖率
HT	0.500000	0.636364
CS	0.714286	0.454545
SV	0.500000	0.388889

续表

结果变量：HL		
变量名	一致性	覆盖率
PS	0.714286	0.416667
SP	0.714286	0.769231
SI	0.357143	0.714286
P	0.428571	0.750000

如表 4 所示，所有条件变量的一致性均未达到 0.9，说明没有单变量是影响出版社高收听党建类有声书生成的必要条件。所有变量都须通过与其他变量的条件组合，才可作用于出版社高收听党建类有声书生成机理。

（二）基于 QCA 的条件组合分析

QCA 方法前提假设为各条件变量间存在相互组合与相互作用，共同对结果变量产生影响。在单变量必要性分析后，构建如表 5 所示出版社高收听党建类有声书生成机理真值表，利用 fsQCA3.0 软件对真值表进行条件组合分析。条件组合分析可以得到复杂解、中间解与简约解，复杂解和中间解存在一定冗余数据，根据“布尔最简化原则”，研究选取简约解作为分析结果，如表 6 所示。其中，“*”表示“与”，“~”表示“非”，“+”表示“或”。

表 5　出版社高收听党建类有声书生成机理真值

HT	CS	SV	PS	SP	SI	P	案例数量	HL
0	1	1	1	0	0	0	6	0
0	1	0	1	1	0	0	4	1
1	0	1	0	0	1	1	3	1
0	1	0	1	0	0	0	2	0

续表

HT	CS	SV	PS	SP	SI	P	案例数量	HL
0	1	1	1	1	0	0	2	1
0	1	0	1	0	0	1	2	0
1	1	0	1	1	0	1	2	1
1	0	1	0	0	0	0	1	0
0	0	1	1	0	0	0	1	0
1	0	1	1	0	0	0	1	0
1	1	1	1	1	0	0	1	0
1	0	1	0	0	1	0	1	1
0	0	1	0	1	1	0	1	0
1	1	0	1	1	1	0	1	0
1	1	1	1	1	1	0	1	1
0	1	0	1	1	0	1	1	1

简约解有助于解释出版社高收听党建类有声书生成机理中覆盖率最高的典型组合，由表6可得到四种组合方式：

~ HT*CS*PS*SP*~SI*~P

+ HT*~CS*SV*~PS*~SP*SI

+ CS*~SV*PS*SP*~SI*P

+ HT*CS*SV*PS*SP*SI*~P

= 非选题热点性 * 内容故事性 * 语调严肃性 * 音效临场感 * 非互动社交性 * 非付费

+ 选题热点性 * 非内容故事性 * 主体知名度 * 非语调严肃性 * 非音效临场感 * 互动社交性

+ 内容故事性 * 非主体知名度 * 语调严肃性 * 音效临场感 * 非互动社交性 * 付费

+选题热点性 * 内容故事性 * 主体知名度 * 语调严肃性 * 音效临场感 * 互动社交性 * 非付费

表 6　出版社高收听党建类有声书生成机理 QCA 分析简约解

Model：HL = f（HT，CS，SV，PS，SP，SI，P）			
简约解	原始覆盖率	唯一覆盖率	一致性
~HT*CS*PS*SP*~SI*~P	0.428571	0.428571	1
HT*~CS*SV*~PS*~SP*SI	0.285714	0.285714	1
CS*~SV*PS*SP*~SI*P	0.214286	0.214286	1
HT*CS*SV*PS*SP*SI*~P	0.0714286	0.0714286	1
解答覆盖率：1			
解答一致性：1			

五、出版社高收听党建类有声书生成机理

研究发现，出版社高收听党建类有声书生成机理并非条件变量与结果变量之间单向线性关系，而是存在多种变量相互作用的可能机理，可归纳为以下四种，供出版社打造受众欢迎的党建类有声书、推动党建文化进一步传播提供借鉴。

（一）免费故事型党建类有声书

这是出版社高收听党建类有声书覆盖率最高的生成机理，它通过故事性内容、严肃语调、临场感音乐特效刺激受众产生沉浸感。它提倡党建文化单向输出，对互动性和热点性要求较低。该机理主要目的是引流，多以免费有声书形式吸引受众。在这一机理下，有声书通过满足受众好奇心传播党建文化，常将“解密”“内幕”“真相”作为书名或章节标题。在符合社会主义核心价值观、尊重

史实的前提下，有声书以严肃神秘的口吻讲述某一特定历史时期或某一历史人物鲜为人知的故事。辅以有声书强大临场感，受众往往能身临其境地感受党建文化。蜻蜓 FM 平台上九州出版社的《暗战》有声书，讲述国共两党在 20 世纪 20—30 年代的谍战故事，以独特视角展示腥风血雨的时代背景下，中国共产党人如何顽强生存，不屈不挠同国民党反动派做斗争的故事。该有声书邀请郑州人民广播电台著名播音员凌光播讲，在故事高潮部分利用背景音乐渲染气氛，让人置身其中通过惊心动魄的故事了解党建文化，形成出版社高收听党建类有声书。

（二）知识传播型党建类有声书

该机理的显著特点是内容以传播基础性党建知识为主、内容主体是知名人物或地点或事件、语调以轻松活泼的叙述为主、有声书中号召用户参与互动或提供互动方式，且紧扣时政热点。受众选择收听党建文化有声书，很大程度上希望能从中汲取知识、提升自我，尤其是在时政热点——如各类中央会议之后，希望能从有声书中获得解读。但是，刻板生硬的文件朗读很难吸引受众，而以轻松活泼方式叙述并提供互动方式的党建类有声书往往能调动受众兴趣。同时，党的领导人讲话、全国“两会”等高知名度人物、事件往往更具权威性，能吸引受众收听。知识传播型党建类有声书生成机理则抓住受众上述需求，刺激其产生沉浸感。如学习出版社与人民出版社在喜马拉雅 FM 共同发布的《习近平新时代中国特色社会主义思想学习纲要》有声书，播放量达 1.53 亿次，是播放量最高的出版社党建类有声书案例。其紧扣习近平总书记历次重要讲话，围绕时政热点，以轻松语调和设问方式回应受众关切，并在有声书末尾提出与主题相关的问题引发受众思考，问题答案于下一章节有声书中公布。这不仅吸引受众持续收听，还有效传播了党建文化知识。

（三）平凡人物型党建类有声书

平凡人物型党建类有声书适合对党建文化有浓厚兴趣的有声书资深受众。他们对互动社交性要求不高，但严肃的语调和音乐特效常常能给予其较强沉浸感，刺激其收听。这一类生成机理强调对平凡人物的故事挖掘，揭开鲜为人知平凡故事的神秘面纱。在这类机理下，读者往往以付费方式寻求优质内容资源，他们将满足自身需求的内容视为出版社党建类有声书首要选择要素。如作家出版社《苦难辉煌》有声书，在蜻蜓FM和懒人听书两大平台均进入党建类有声书播放量前10名，并双双成为高收听案例。它以严肃的语调讲述老一辈无产阶级革命家在极其困难的环境下，建立红色政权、率领红军进行战略转移的伟大壮举。历史是由无数个人组成的，该书着眼于对每一个微小个体的深入刻画，对刘伯坚、贺昌、方维夏、蔡会文、季振同、寻淮洲等并非人人皆知的革命烈士的故事进行了全面描写，让受众身临其境，刺激沉浸感产生，使受众了解党史，了解党建文化，产生高收听效果。

（四）重大事件型党建类有声书

在该机理中，出版社党建类有声书内容和形式维度的所有影响因素均对受众产生正向刺激。该生成机理牢牢抓住受众对重大时政热点事件的关注，以受众更易接受的知名主体故事性内容，通过严肃语调、声音特效、互动社交的共同作用，使受众产生临场感。为最广泛传播重大事件党政文化，这一机理下的有声书常常无须付费即可收听。如天地出版社在懒人听书平台发布的《红船》有声书，紧扣建党百年这一重大时政热点事件，以长篇小说形式再现中国共产党的诞生历程，全景式描绘1919年到1928年的中国革命史，反映中国共产党从诞生到发展壮大的艰难与辉煌。内容扣人心弦加之形式上的声音形态设计，大大强化受众沉浸感，产生高收听效果，传播了党建文化。

六、结语

习近平总书记指出："贯彻落实新时代党的组织路线，不断把党建设得更加坚强有力。"传播党建文化对党的建设有重要帮助，能够加深广大人民群众对党的认同。本研究基于 SOR 理论，从刺激受众收听党建类有声书的内容、形式及付费三大维度出发，得到出版社高收听党建类有声书的 7 大影响因素。通过对多平台 30 个有声书案例的定性比较分析，发现出版社高收听党建类有声书存在免费故事型、知识传播型、平凡人物型、重大事件型四种生成机理。在建党百年背景下，本文试图以此为出版社探寻党建文化高效传播提供借鉴，但还存在以下不足：一是 QCA 方法在赋值等方面本身具有一定主观性；二是选取的案例虽具有较强解释力与代表性，但仍存在研究结论无法解释的特殊情况；三是研究着重考察出版社高收听党建类有声书生成机理，其他主体发布的党建类有声书是否适用仍有待后续进一步探索。

参考文献

[1] 李友梅．当代中国社会治理转型的经验逻辑 [J]. 中国社会科学，2018（11）：58-73.

[2] 艾媒咨询．2020 年中国有声书行业用户画像及行为分析 [EB/OL]. [2020-12-24]. https：//www.iimedia.cn/c460/75950.html.

[3] 易观分析．2020 年音频泛知识付费市场分析报告 [EB/OL]. [2021-01-08]. https：//www.analysys.cn/article/detail/20020021.

[4] POPA S A，FAZEKAS Z，BRAUN D，et al. Informing the Public：How Party Communication Builds Opportunity Structures [J]. Political Communication，2020，37（03）：329-349.

[5] BROWNIN N，SWEETSER K D. How media diet，partisan frames，candidate traits，and political organization-public relationship communication drive party reputation [J]. Public Relations Review，2020，46（02）：232-241.

[6] 杜念峰 . 新形势下党建出版工作的新任务和新机遇 [J]. 中国出版，2019（01）：40-42.

[7] 李冰，吴怀友 . 党建类图书出版现状及思考——以十八大以来部分重点党建图书为例 [J]. 科技与出版，2019（05）：153-156.

[8] 张福平，邱之梦 . 基于新媒体的党风廉政建设文化传播——党建网络平台构建设想 [J]. 河南社会科学，2019，27（09）：1-12.

[9] 甘春梅 . 学术博客用户行为——理论模型与实证研究 [M]. 北京：科学出版社，2016.

[10] 李沁 . 媒介化生存——沉浸传播的理论与实践 [M]. 北京：中国人民大学出版社，2019.

[11] 王栋晗，张珊 . 在线内容付费意愿影响因素研究：基于用户免费心理的调节作用 [J]. 现代传播（中国传媒大学学报），2019，41（11）：122-129.

[12] GRZEGORZ C，GRAZYNA S. An Experiment with Facebook as an Advertising Channel for Books and Audiobooks [C]. Information Systems Architecture and Technology：Proceedings of 37th International Conference on Information Systems Architecture and Technology，2016：221-233.

[13] CAHILL M，RICHEY J. What Sound Does an Odyssey Make? Content Analysis of Award-Winning Audiobooks [J]. Library Quarterly，2015，85（04）：371-386.

[14] Wallin E T . Reading by listening：conceptualising audiobook practices in the age of streaming subscription services [J]. Journal of Documentation，2021，77（02）：432-448.

[15] 叶阳，张美娟，王涵 . 有声书 APP 用户使用行为影响因素分析 [J]. 出版发行研究，2017（07）：38-41+34.

[16] 高志辉 . 付费有声书知识服务满意度研究——以“樊登读书”为例 [J]. 情报科学，2020，38（05）：98-105，119.

[17] 柯佳秀，章小童，邓小昭 . 新媒体环境下大学生听书行为意向影响因素研究 [J]. 图书情报工作，2017，61（10）：101-109.

[18] 伯努瓦・里豪克斯，查尔斯・C. 拉金 . QCA 设计原理与应用——超越定性与定量研究的新方法 [M]. 杜运周，李永发，等，译 . 北京：机械工业出版社，2020.

[19] ALMENAR-LLONGO V，de PRAT JM，ORERO-BLAT M. Qualitative analysis for joint ventures as an entry mode in foreign direct investment [J]. Journal of Business Research，2021（02）：324-332.

抖音健康类短视频的传播策略研究

赵津（北京印刷学院）

【摘要】以往的传播方式是报纸、广播和电视等传统媒体。如今互联网技术和移动终端技术已经十分普及，健康传播成了短视频的一部分。和过去相比，健康传播在传播者、传播内容、传播渠道和传播受众方面都发生了变化。本文探究健康类短视频是怎样进行传播的，存在哪些问题并提出建议。

【关键词】健康传播；短视频；抖音

美国健康传播学者罗杰斯认为，凡是人类传播的类型涉及健康的内容，就是健康传播[1]。截至2021年6月，我国短视频用户规模为8.88亿，占全体网民的87.8%[2]。受众从线下转移到线上，社交媒体是人们获取健康信息的重要渠道，而短视频可以使信息呈现得更直观，因此成了健康传播的重要平台。

一、研究设计

首先，为考察健康类短视频的相关情况，本文借鉴飞瓜数据抖音版本的涨粉排行榜、行业排行榜、蓝v排行榜和成长排行榜，考查2021年11月1日至30日期间每个榜单排名前十的账号。剔除重复账号及不属于健康类的账号，共选取了32个账号样本。这些账号囊括了各种形式，在同种类型的健康类短视频中有较高的知名度和影响力，对于梳理健康类短视频传播过程具有积极的意义。由于内容分析样本数目较多，所以选取了此期间各个账号点赞量排名前十的视频内容，部分账号发布的数量不够10条，共收集到309条内容样本。

其次，一个基本的传播过程必须包含传播者、传播内容、传播渠道、传播受众四个方面。因此，本文从这四个方面对抖音平台中健康类短视频的传播策略进行探讨，发现其中存在的问题，并提出相应建议。

表1　健康类短视频账号研究样本名称

涨粉排行榜	心中有术、内分泌唐黎之博士、中医心血管科周国栋、肿瘤科吴显文、骨科专家杨济洲主任、健康养生、黄汉源、妇产科付教授、医路向前巍子、心血管专家涂秀华
行业排行榜	医路向前巍子、妇产科牛诤、心中有术、营养师齐小明、内分泌唐黎之博士、黄汉源、中国食品报·观察、丁香医生、安贞医院郝大夫、老吴
蓝v排行榜	中国食品报·观察、丁香医生、养生堂、迪哥精准营养、昇斋堂老姜家、糖糖形体礼仪、元和堂、郑州全福康、万民健康、南方健康
成长排行榜	健康养生、古医生解男题、妇产科周大夫、精神科朱教授、【成都站】、肿瘤科吴显文、男科何主任、任永平教授、成都鄢军医生、四川精神科熊生杰、儿童医生刘应科

二、健康类短视频样本分析

（一）传播主体方面

1.传播主体向专业化聚集

传统媒体时代有着固定的健康传播主体，大部分是医生群体。新媒体时代，传播者和受传者都在发生变化。随着人们健康意识的提高，越来越多的健康传播主体进入短视频行业，数量逐渐增多，总体呈现出专业化趋势。如

图 1 所示，健康传播主体多为医生群体占比 68.75%，健身教练是第二大群体占比 12.50%，营养师占比 6.25%，健身教练占比 3.13%。医生群体中除了传统媒体“养生堂”，其他医生账号页面认证均显示某医院某科某医生，权威性较高。医生群体有丰富的临床经验及健康知识储备量，相比于其他账号群体来说，他们是生产健康内容、解释健康知识、传播健康信息的主体，提供的健康信息具有科学性，容易获得用户的青睐。

	专业医生群体	健身教练	营业师	草根	其他
样本个数	22	4	2	1	3
百分比	68.75%	12.50%	6.25%	3.13%	9.38%

图 1　抖音健康行业各榜单排名前十传播主体身份分类

2. 传播主体自身定位明确

定位是一个短视频账号的基础内容建设，是短视频账号推送信息的核心，定位不同意味着传播内容和传播形式上有差异。本文发现，不同类型的健康传播账号主体有一个共同特征，均在个人页面简介处注明自己擅长何种领域。无论是医生群体还是其他群体，群体之间的定位均不同，但是对自己的定位都很明确，如妇科、养生、美容、食品安全等。不同科室的医生也会传播相应科室所在领域的知识，但所有的群体定位都可概括为“健康传播”。

（二）传播内容方面

1. 内容分布多元，传播公共健康

健康内容主题分布多元化，其中生活知识类视频排名第一占比 32.36%，涉及卫生领域的科技知识及生活中的健康常识和健康行为，如“不睡午觉的人你们会后悔的”“新冠疫苗第三针有多重要”等。排名第二的是美容健身类视频占比 14.89%，此类视频迎合了受众的变美需求，主要针对减肥、健身和护肤等，提供如何美容护肤、如何健身等内容。问诊类视频排在第三名占比 11.33%，此类视频以医院为背景，将医生与患者沟通病情的场景拍成短视频的形式，增强了传播健康知识的专业性，同时也为其他有相同困惑的受众提供了一些参考。养生类视频排在第四名占比 8.09%，一般从饮食的角度出发，对满足人体机能所需的营养及食物的搭配进行讲解。优质的内容能够帮助人们形成科学健康的养生观念。心理健康、女性分娩、药物、两性健康、食品安全、营销和预防疾病的内容，依次占比 5.18%、4.53%、4.21%、3.88%、3.88%、3.24% 和 2.27%。其他类视频则是与传播健康无关的内容，一般呈现的是传播主体的日常生活，占比 6.15%。

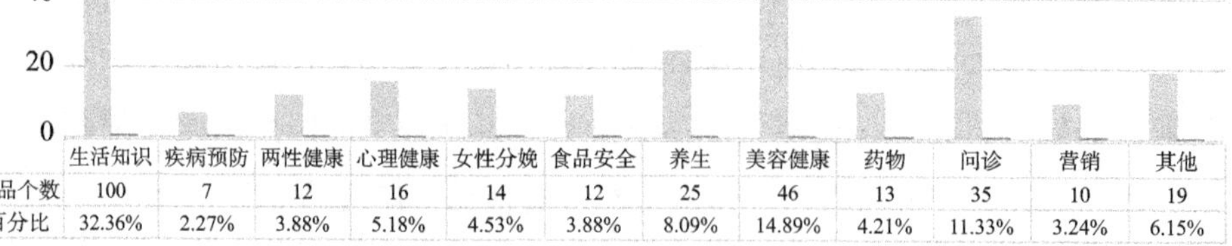

	生活知识	疾病预防	两性健康	心理健康	女性分娩	食品安全	养生	美容健康	药物	问诊	营销	其他
样品个数	100	7	12	16	14	12	25	46	13	35	10	19
百分比	32.36%	2.27%	3.88%	5.18%	4.53%	3.88%	8.09%	14.89%	4.21%	11.33%	3.24%	6.15%

图 2　抖音健康行业短视频内容类别分布

2. 注重标题设置，方式繁多

互联网时代，如何让自己的视频在冗杂的信息中脱颖而出，抓住受众注意力，标题的设置起着重要作用。本文发现，在标题传播技巧中，有标题的视频所占比例高达 94.17%，无标题的视频所占比例仅为 5.83%，如图 3。

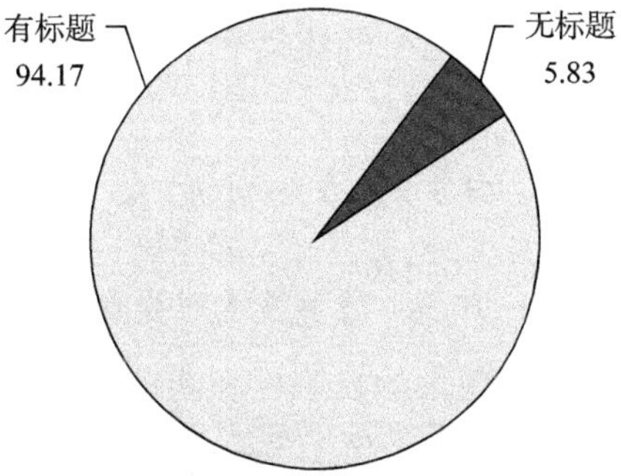

图 3　抖音健康行业短视频标题设置方式

在设置标题的视频中，有以下几种标题方式：如“怎么办”“为什么”等，以“提问题 + 解答”的方式省去了文章的长篇大论，适合观看需求；威胁式带有威胁或激励的语言，如“一定小心”“务必”“死亡”等，增加了受众的紧张感和焦虑感，激发了受众观看视频的冲动，此类标题在医生群体中较常见；夸张手法在美容健身类视频中较常见，通常把内容通过标题的设置来扩大化，但此类标题在医生等群体中少见；悬念式一般隐藏相对来说比较重要的信息，话说一半引起受众的好奇，进而观看视频带动健康行为；权威式含有“专家”“权威”等字样容易获得受众的信任；数字式通常是用直观的数字与数据，但此类标题的设置不常见。

（三）利用传播渠道进行话题设置

设置话题可以对作品进行分类，通过算法推荐将健康类短视频推送至受众手中。新媒体时代受众的主动性增强，看到自己所需或感兴趣的视频会积极反馈，使健康传播达到更好的效果。一般对一条视频传播者会设置多个话题，所有健康类的短视频进行话题设置时最常见的是健康。按照内容分类会有不同的话题设置，如生活知识类、疾病预防类、两性健康类等。最常见的话题设置是科普、医学知识和医学科普。女性分娩类视频围绕着孕期、怀孕、关爱女性健康等。食品安全类和养生类视频分别以食品安全、养生为常见话题。话题设置延伸了探讨空间，激发起了受众的参与度，如减肥、美容等受众可以主动参与话题，使这个群体具有归属感，形成比较真实的表达。

（四）精准细分受众

一方面，数字技术对受众的赋权，使受众摆脱了特定渠道和时间流的束缚，拥有了更大的自主性和能动性。今天的受众不再是原子化的、缺乏自觉的、无意识的，他们会针对内容的喜好进行理性选择[3]。另一方面，短视频呈现出自由开放的状态，融合了现实社会的层级关系，展现出浓厚的个人主义色彩，受众的思维方式由“向中心”转变为“向我”[4]。在这种碎片化的状态下，健康类短视频在传播策略上也应有明确的受众定位。

当前健康类短视频会锁定各自的群体进行传播，专注不同领域提供差异化的内容信息，满足相应的用户群体需求。为了更好地传播健康类短视频，传播者会观看后台数据整理用户信息，根据不同的用户需求发布相应内容。例如，账号“老吴”发布的信息基本与女性备孕、怀孕、分娩有关；“郑州全福康”发布的信息基本是针对健身方面的动作教学类视频；“迪哥精准营养”发布的则是饮食搭配、饮食分析等讲解类视频。

三、健康类短视频存在的问题分析

（一）商业营销，诱导消费

健康传播是具有公益性质的传播，也是关系到公众生命安全的实践，但拥有大量“粉丝”的个别医生存在商业营销的情况。他们在传播健康信息时先用夸张的语言或场景进行讲解，之后谈及改善的方法时再提及所带的商品进行售卖，通过细致描述的语言或图片，利用传播健康信息的过程诱导受众消费。传播者为了利益进行带货，消费者为了健康埋单，过多的广告植入和营销影响健康内容的真实性与客观性。

（二）健康主体，真假难辨

专业医生群体发布医疗健康科普视频，普通网民发布生活健康科普视频，前者涉及诊疗和用药的科普，后者涉及大众健康的生活方式的推广。但是由于监管不到位等原因，出现了难以区分科普健康知识与专业内容的情况。部分主体是没有资质的假冒专家，如人们只需要做一个动作，三分钟就能胜过半小时等，毫无事实依据。此外，部分专业医生没有充裕的时间，会把相关事务交由一些机构代劳，但机构良莠不齐，有些又将账号交由无医学背景的团队运营也会限制行业发展。

（三）滥用标题，吸引眼球

一个充满新意的标题能吸引受众观看，增加浏览量，类似“首位效应”[5]，因此许多健康类的短视频存在“标题党”的现象。一些医生给短视频取标题时能抓住受众的痛点，把受众感兴趣的内容放通过标题表现出来，或者设置一些制造恐慌和危言耸听类的标题。一时用“标题党”的方式可能会带来流量，但长此以往采用这种方式可能会导致受众的信任度降低。

（四）内容主题缺乏完整性

健康类短视频在传播过程中懂得内容为王，传播的内容贴近公众生活，突出传播内容的真实性，但各个内容主题之间分配并不均匀。样本中关于心理健康的内容仅占 5.18%，健康类短视频大多数涉及的是身体健康，有关心理健康的内容较少。快节奏的环境及疫情影响，人们的生活方式、学习、就业都在发生改变，可能会给人们带来负面的心理健康问题，因此在公共健康传播中的心理健康和身体健康同样重要。

（五）不熟悉平台运营方式

抖音平台有着一定的运营规律，话题的设置、音乐的使用、活动的参与和跟拍等都是其运营手段。成熟的“网红”“大 V”会利用平台的规律扩大自己的影响力，但健康类账号大都不熟悉此类运营规律，如诸多医生发布健康内容时不懂得添加话题或者使用火爆的音乐进行传播。此外，平台中发起的有关于健康议题的活动较少，导致医生群体仅限于自己的圈层，不能得到更多的关注，使传播效果较弱。

四、促进健康类短视频的发展意见

（一）还原医生科普的本真形象

医生们利用短视频传播健康知识，分享各色行医见闻，以及对一些医疗健康问题表达看法和观点，短视频平台为医生提供了展现自我的机会，可以让人们了解医生群体朴实和敬业的精神。从某种程度来讲，健康传播具有一定的公益性，医生群体应从社会效益的角度出发，减少商业带货模式；应以有温度、有态度、高质量的标准要求自己，立足于关心老百姓的健康问题，做有温暖的健康传播者;应致力于生产优质内容，做深度的健康传播;应聚焦热点健康问题，做高效率的健康传播。

（二）平台重点扶持健康领域

短视频平台加大对健康领域监管力度的同时，也应重点扶持健康领域。首先可以定期与医生专家或权威机构发起相关领域的健康活动，提高健康传播的垂直性与专业性。如“粉丝带”携手抖音发起了乳腺癌知识科普，呼吁人们关爱女性健康，大量的医生、明星、科普达人等积极参与活动，话题量也超过了四亿人次。平台还可以为健康传播者定期打造流量扶持计划，给优质的健康传播账号发放流量券，帮助其提高曝光度和浏览量。

（三）设立相关奖励措施

正规医院和医生是开展健康传播最大的阵地，专业的医护人员能够发挥健康传播的最大价值。因此，医院应在短视频平台建立相关账号，或鼓励医生利用短视频定期进行健康传播，设立相关的奖励措施，如将其纳入年末绩效考评给予相应奖励等，以提高医务人员进行健康传播的积极性。国家应多关注优秀的健康传播内容，定期举办优秀的健康传播作品展示活动等，评选出优秀的医院机构、宣传队伍和医务人员个人并对其进行表彰。

五、结语

越来越多的健康传播主体进入短视频领域，想要获得比较好的健康传播效果，需要传播主体、传播受众、国家、社会和平台等多方努力，这样才能提升我国的公民健康素养，使更多的人投身健康传播实践中。

参考文献

[1] ROGERS E M. The field of health communication today [J]. American Behavioral Scientist, 1994, 38 (2): 208-208.

[2] 中国互联网中心 . 第 48 次中国互联网络发展状况统计报告 . http : //www.cnnic.net.cn/hlwfzyj/hlwxzbg/hlwtjbg/202109/t20210915_71543.htm

[3] 刘燕南 . 数字时代的受众分析——《注意力市场》的解读与思考 [J]. 国际新闻界，2017，39（03）：167-176.

[4] 荣荣，孙卫华 . 社会化媒体环境对用户认知能力的影响 [J]. 当代传播，2014（01）：24-26.

[5] 刘果，汪小伢 . 标题特征对数字媒介内容传播效果的影响——基于新闻评论类微信公众号标题的实证研究 [J]. 新闻与传播评论，2020，73（06）：29-39.

现阶段主流媒体的智能化内容生产分析
——探究机器写作在主流媒体中的局限性

冯璐（北京印刷学院）

一、数字化智能时代：写作机器人辅助新闻生产

从传统媒体到新媒体再到智能媒体，传播格局不断发生改变。在以主流媒体为核心，到“去中心化”，再到现阶段的以用户为核心的这一过程中，用户的地位从一个被动的受传者角色，变成了主动去创造数据、支配媒体的角色。社会也发生了巨大的变迁，现实社会的空间和时间不断地被压缩，导致用户的媒介使用习惯在时间上和空间上发生了变革，人们越发地追求“快”和行为习惯趋于“碎片化”。基于数字化智能时代下大数据技术的发展，互联网上的任何数据都可以被捕捉到，甚至用户丧失了被遗忘权，可根据设定的程序被捕捉到的数据进行自我分析及跟踪处理，以满足拥有者的需求。写作机器人就是在这样的媒介环境和技术变革中被应用在于辅助新闻生产。

写作机器人的出现代替了新闻工作者机械重复的工作，加快了新闻生产的速度，保障了用户所需的时效性。这一方式使新闻生产数量大幅度提升，减少了人工所带来的机械错误，并降低了新闻生产写作的成本。目前，在世界范围内已经出现了大量的写作机器人，如洛杉矶时报网站财经新闻的“Quakebot”，

腾讯财经“Dreamwriter”，新华社的“快笔小新”，美联社与雅虎使用的“Wordsmith”，纽约时报的“Blossom”，今日头条“张小明”等。写作机器人的出现无疑是技术的进步，减轻了新闻工作者的压力，但同时机器写作仍存在着很多局限性，尤其是针对现阶段主流媒体而言。因此，本文将通过分析机器写作与内容的多级控制和传统媒体改革两个方面，探究机器写作在主流媒体中的局限性并阐述对机器写作的未来预期。

二、机器写作与多级控制：固定单一

目前，机器写作并不普及，更多应用在体育新闻和财经新闻中，且新闻内容和框架较为刻板、固定单一，语义分析能力弱。本文认为其原因在于开发者、媒介从业者、选择用户和技术对机器写作的多级控制。

（一）开发者：法律伦理

对于写作机器人的程序开发者而言，由于受到法律和伦理的控制，机器写作内容只能局限于大众化。机器写作基于大数据挖掘和整合，而挖掘的层级和开放的层级往往涉及用户的隐私权。大数据记录任何用户的行为、行为轨迹和行为场景，“一个人或许可以隐藏他在生活中的轨迹，但只要上网，那么他的轨迹无论是在网络上还是在现实中就一定会被记录下来，而是否被发现就取决于大数据的掌控者是否公开”。2020 年 6 月，在北京西红门农发地暴发疫情期间，政府正是调用大数据，根据地理轨迹、接触人员等数据，排查接触农发地和农发地人员的高危人群近 10 万人。对于网络用户信息挖掘，还存在着一个特殊的问题——用户的“被遗忘权”，“掌握了过去，就是掌握了未来”。那么对于过去信息挖掘的程度又应该如何考虑呢？这些都是机器写作内容挖掘所存在的法律和伦理问题。

（二）媒介从业者：固化框架

对于主流媒体的新闻工作者来说，新闻报道存在着多个层级的控制体系。对于机器来说，写作内容存在着更加固化的框架。首先，“一元体制二元运作”的媒介制度就会对主流媒体起到决定性的影响；其次，政府、受众等都会控制媒介；最后，媒介自身也会追逐政治、经济和公共这三大目标。而这些对媒介的约束和压力都会通过潜网的形式作用在新闻工作者的身上，最终在新闻内容中呈现出来。机器写作的新闻框架是由新闻工作者制定，其本身就间接存在着对于新闻工作者的多层级控制，但同时由于写作机器人的技术限制，机器学习能力不足，无法真正做出同新闻工作者一样的新闻内容。因此，新闻工作者就必须在控制的基础上，再次对机器写作内容进行控制，为使其不会“出错”，就必须简单化并固化框架。然而，根据简单的新闻要素和固定的套话进行模板化，最终会导致千篇一律，使新闻缺乏特色和深度。

（三）选择用户：客观权威

这里的用户是泛化的，指的是写作机器人选择内容摘取的对象。由于目前写作机器人的新闻框架固化，只可以根据简单的新闻要素对客观事物进行报道，以至于目前机器人写作的范围被局限在财经新闻和体育新闻中。为了增加新闻内容的可看性和丰富性，而不是仅有客观数据，机器写作在新闻内容上引入了评论内容。为了保证其客观性及信源的真实性，机器写作所摘取的内容多出自权威报道，但这一引入导致了相对延期的新闻整合，使新闻的即时性被削弱。以下报道《8 月 CPI 同比上涨 2%，创 12 个月新高》，由腾讯财经报道的“Dreamwriter”整合，在客观数据的基础上引入了权威评论内容，新闻发布的时间为该年 9 月 10 日，在即时性上面有所减弱。

（四）技术：仍不成熟

基于大数据的机器写作技术，并不是一项新兴技术，早在2010年华尔街就开始进行财经新闻的机器写作，到2015年机器写作开始在中国应用。2015年9月，腾讯财经的“Dreamwriter”正式启动，同年11月“快笔小新”入驻新华社。从2010年到现阶段，机器人的分析能力变得更强了——数据库范围更大，数据更多，数据处理的能力也更强，成稿速度也更快了，甚至开始可以分析图片，但是核心技术并无突破性创新。机器学习能力仍然处于初步阶段，语义分析能力更是机器人的短板，依旧无法进行深度新闻报道，是其文字内容固定单一的根本原因。

现阶段机器写作所受到的多层级控制，导致其内容固定单一和刻板，无法进行深入报道。在技术没有核心突破之前，机器写作都不能完全代替人工写作。根据不完全统计，目前国内新媒体（今日头条、腾讯等）机器写作应用频次远高于主流媒体，本文将继续探究现阶段机器写作在主流媒体改革当下的局限性。

三、机器写作与媒介改革：调性不一

（一）内容与品牌

在新媒体时代，主流媒体传统的新闻生产速度已经无法满足用户需求，用户从而转向“后真相”的新媒体。由于网络媒体的互动性和即时性，新闻从业者在网络变革的巨大压力下，不禁陷入时间、来源及情感的陷阱中。在人人都有麦克风的今天，网络内容由“草根”化、碎片化，逐渐走向娱乐化，内容庞杂、良莠不齐。由于用户媒介素养无法跟上信息的增速且缺失把关人，造成了大量的信息浪费甚至信息疾病。正是在这缺乏有效内容且信息过载的媒介环境中，主流媒体的优质内容才得以显现优势。但现阶段机器写作内容无疑是浅化的、庞杂的，生产出来的内容可以说是以“渠道为王”，更符合新媒体的调性，整体来讲并不适合主流媒体提升自身的品牌价值。

卡斯特曾说“21 世纪将不会是黑暗时代，它表现出的特征是一种对消息灵通的困惑”。在时代的洪流里，主流媒体改革应该坚守自己的优势，生产优质的原创内容，加强新闻公信力，减少用户的困惑。

（二）平台与用户

打造自身品牌、内容为王是主流媒体改革的基础，媒介平台化可以促成内容共创，增加优质内容的来源。其中最重要的一点是需要做好用户调查，如用户对于主流媒体的预期是什么？什么样的内容用户更愿意买单？根据北京大学新媒体研究院刘德寰教授主持的“手机人—移动互联网全景调查研究，可以推断出用户想要看娱乐化的新闻、即时热点新闻等快餐式新闻，一定会选择新媒体平台（今日头条、微博等），而在主流媒体的用户定位上仍是内容至上。从用户定位的角度看，机器写作所具备的内容框架固定单一、即时出稿等这些特点，并不适用主流媒体，主流媒体出稿多并不是必需，内容佳才是必需。

四、近未来预期：主流媒体和新媒体平台中的机器写作

根据上文所分析的现阶段机器写作更适用新媒体，以及所提到的根据不完全统计，目前国内新媒体（今日头条、腾讯等）机器写作应用频次远高于主流媒体，本文适以合理推测在近未来（机器学习技术未有核心突破时）机器写作在主流媒体和新媒体上的不同应用。

（一）主流媒体：人机协作共创融合

1. 新闻工作者的助手

未来新闻工作者与写作机器人应共同协作来制造内容。写作机器人帮助新闻撰写者和新闻编辑处理较为机械的工作，使新闻工作者将注意力更大限度放到内容上。因为随着数据的不断开源，写作机器人所掌握的专业领域知识越来越庞杂，它的信息处理和整合能力是新闻撰写者难以匹敌的，所以应用写作机器人进行信息处理和一级信息搜索排查，以帮助后续新闻撰写者减少工作负担和初级材料整理阶段的技术失误，降低进入专业陷阱的可能性。对于新闻编辑者来说，同样可以应用写作机器人进行初级技术性把关，以减轻后续工作负担。

2. 共创媒介融合

未来写作机器人同新闻工作者一同推动媒介融合。现阶段，写作机器人已经具有图像识别功能，可自主为机器写作内容挑选图片。未来，它的识别和整合能力将会更强大，会将素材库中内容进行更有机而全面的整合，帮助新闻工作者应对不同的新闻类型写作。

（二）新媒体：机器写作全面应用

目前，以今日头条为例的新媒体新闻开放平台，已成为人们获取新闻的主要途径之一。各类官方媒体、自媒体或用户入驻到平台上共创内容，平台再基于数据挖掘、算法分析、“群族化”的特征偏好，个性化地满足用户需求。该类平台可以更好地满足用户即时、个性化等报道，与机器写作的特征不谋而合。未来的数据开源、技术升级，使机器写作的领域范围不断扩大，不再局限于财经新闻和体育新闻，并伴随着成本低廉和内容全面的优势，将在新媒体平台的加持下，发挥出它的巨大潜力。

五、结论

本文试以分析现阶段机器写作的局限性及主流媒体和机器写作的调性得出结论：现阶段单纯的机器写作内容并不适合主流媒体新闻写作，相比之下更适用新媒体平台的新闻写作。此外，本文结尾还对机器写作和主流媒体及新媒体的应用关系进行了合理预测。

参考文献

[1] 刘德寰，李雪莲 . 大数据重塑新闻业 [J]. 2017（05）：6-11.

[2] 喻国明，兰美娜，李玮 . 智能化：未来传播模式创新的核心逻辑——兼论“人工智能＋媒体”的基本运作范式 [J]. 新闻与写作，2017（03）：41-45.

[3] 匡文波 . 网络传播学概论 [M]. 北京：高等教育出版社，2009：15-18.

第四篇

情感表达与媒体消费

KOL在意见导向型网络消费平台的效果研究

——以小红书为例

张海伟（北京印刷学院）

【摘要】意见导向型网络消费平台是新媒体时代以小红书App为代表的新兴的网络消费平台，KOL引导消费是当下新兴的营销思路，迎合了新媒体时代“种草”经济的发展。本研究对KOL在导向型消费平台中的引导作用及用户对KOL的认同机制进行了观察研究，揭示其背后的蕴含的商业逻辑和情感链接，并对新媒体时代KOL引导消费的现象提出了反思。

【关键词】小红书；“种草”；意见导向；网络消费

一、引言

近年来，随着消费结构不断升级，更多人采用网上购物的方式购买所需物品。商家要想在竞争激烈的电商平台中站稳脚跟，就必须突破原有消费平台的局限，找到自己的创新点。关键意见领袖（Key Opinion Leader，KOL）引导消费是新媒体时代下新兴的营销思路。目前，KOL逐渐向垂直领域发展，帮助品牌实现流量的最大变现。而以小红书为代表的意见导向型的网络消费平台就是利用 KOL 的强大意见导向能力，在众多电商平台中脱颖而出。本文以小红书为研究对象，以求最大限度了解并分析 KOL 在意见导向型网络消费平台对用户的引导作用及用户对 KOL 的认同机制，揭示其背后的蕴含的商业逻辑和情感链接。

二、概念及研究对象

（一）概念释义

1. 网络消费

网络及智能终端的普及推动消费从线下发展到线上。网络消费是近年来随着互联网新媒体的纵深发展、营销者依托网络为消费者建立的网络消费模式。与线下消费不同的是，网络消费具有低成本、多选择、方便快捷等诸多优势，消费者不会受到地理位置的限制，可以买到全国各地的任何产品。如今，网络消费已经成为互联网时代消费的主流模式，深刻改变着中国的经济结构。

2. 意见导向型网络消费平台

首先，KOL 在营销学中指拥有更多、更准确的产品信息，且为相关群体所接受或信任，并对该群体的购买行为有较大影响力的人 [1]。在新媒体时代下，各大细分的垂直领域都出现了自己的 KOL，这些意见领袖是社交电商的一项重要资产。意见导向型网络消费平台就是在网络消费的基础上，引进 KOL 吸引流量，利用 KOL 对大众的观念、态度和消费习惯的影响力进行引导消费的平台。此外，KOL 会在笔记下方插入产品的购买链接，方便用户在“种草”后直接购买，由此促成消费行为 [2]。

（二）研究对象

本文研究对象小红书是“社区＋电商平台”，同时也是意见导向型的网络消费决策入口。小红书通过引进、培养 KOL 分享消费体验，引发“社区互动”。用户通过对笔记内容点赞、收藏和评论等形式实现与发布者的沟通交流，从而做出购买决策[3]。这些用户反过来又会进行更多的消费体验分享，最终形成一个正循环。另外，小红书旗下设有电商业务，其独特性在于与传统电商的价格竞争营销模式不同，是通过 KOL 在社区中的口碑营销实现引流，使其能够在建立客户信用的基础上，实现盈利最大化。

媒介形态

小红书 App 分为“首页”“商城”“发布笔记”“消息”“我”五大板块。每一板块都有不同的功能，共同组成具有强大消费引导力的社交网络消费平台。

（1）首页。重社区发展，塑造平台独特优势。用户在“首页”中可以查看自己关注的博主的动态，与博主留言互动，还可以点击“分享瞬间”来记录自己的日常。此外，首页的“发现”模块是根据算法推荐技术，通过分析不同用户的不同需要，推送相关内容从而提升用户体验。比如，用户平时爱看美容类的文章，平台就会为其推荐更多关于美容类的笔记。用户也可以在首页上获得基于位置的服务（Location Based Service ，LBS）。LBS 是利用各种定位技术来获取定位设备当前所在的位置，通过移动互联网向定位设备提供信息资源和基础服务[4]。小红书就是通过提供基于位置的服务，给用户推送所在地相关的餐厅、景点、逛街和酒店等信息。在首页中，用户可以搜索自己想要浏览的内容，如搜索关键词“失眠”，平台会推送有关失眠的全部内容。用户可以选择综合权重最优先的信息，或者平台上最热门、最新的信息，这些信息的形式主要是视频或者图文。小红书的首页将社区和发现搜索功能前置，体现小红书至关重要的发展战略——重社区，这是小红书不同于其他平台的强大而独特的优势。

（2）商城。重社交引流，增强用户黏性。第二大板块是“商城”，商城页面主要包括近期的促销活动、推荐的商品、小红书自营的福利及好物说等。用户搜索想要的商品，不仅能看到相关商品的推送，还能看到相关笔记和用户的推送。小红书在首页中营造的社区模式具有其他平台无可复制的独特优势。在社区中，用户可以发布视频、图片等内容或通过评论区、关注发布者等方式与他人进行交流，各用户之间的黏性强、关联度高，易于成交商品。小红书商城正是通过社交方式引流用户到商城，实现电商社交。这里的用户的黏性比单纯的购物平台上的要高得多，用户也更活跃，小红书的商业变现路径也更加通畅。

（3）发布笔记。重笔记形态，满足用户需求。第三大板块是“发布笔记”，小红书发布笔记的形式包含多种形态，如进行直播、制作影集、拍视频和拍照片等形式。多种媒介发布形式为用户提供了多种选择，丰富了用户发布笔记的形式，同时也满足了不同用户的不同需求。制作影集、拍摄视频和照片门槛较低，“去中心化”的发布模式更能激发用户的创作欲望。

（4）消息。重社交功能，增强情感互动。第四大板块是“消息”。在消息界面中，用户可以看到自己收到的赞和收藏、关注自己的人、评论及用户的私信。消息界面还可以和平台中的其他用户创建聊天，是小红书社交功能最突出的一环，也是用户和其他人互动的主要途径。

（5）我。重商业合作，提高商业变现转化率。第五个板块是“我”。在该界面中，用户可以编辑个人资料、查看关注的博主、“粉丝”、获赞、收藏及自己过往发布的笔记。此外，满足申请条件的用户还可以实现内容变现，主要通过品牌合作、商品合作、店铺和薯条推广等方式。例如，品牌合作是品牌和优质博主推出的内容合作营销产品，实现博主、品牌与创意内容的影响力闭环。

入驻店铺、薯条推广和商品合作等方式是小红书平台中 KOL 博主引导消费、实现商业变现的主要途径。

三、研究方法

本文以网络观察法和访谈法为研究方法，以小红书为研究对象，分析 KOL 在意见导向型网络消费平台中的引导作用和用户对 KOL 的认同机制，揭示其背后的蕴含的商业逻辑和情感链接。

（一）网络观察法

网络观察法是指研究者根据一定的研究目的，制订相应的研究计划，对处在网络环境下的客观事物进行系统考察，从而获得信息资料的一种科学的研究方法。笔者采用网络观察法对研究对象——小红书进行系统考查，从小红书创作者中挑选出 2012 年 4 月涨粉数量剧增的五位 KOL，包括林允 Jelly、硬糖视频、帕梅拉 Pamela reif、程十安 an、其斤小小，并对其发布笔记的特点及在小红书中如何发挥引导作用进行考查。

（二）访谈法

访谈法就是研究性交谈，是以口头形式根据被询问者的答复搜集客观的、不带偏见的事实材料，以准确地说明样本所要代表的总体的一种方式。笔者通过对五位小红书忠实用户进行深度访谈，对用户如何在意见导向型网络消费平台建立对 KOL 的认同进行分析研究并整理文稿，以最大限度了解意见导向型网络消费平台对用户的引导作用和用户对意见领袖建立认同的机制。

本文所使用的访谈方式包括微信、小红书私信和电话访谈三种，访谈内容除极个别重要的限定性问题外，以非限定性问题为主。笔者在与受访者沟通过程中，了解作为小红书App主体、使用者、参与者的用户对平台中KOL的引导消费的看法，自身在使用小红书时被引导消费的体验，以及对KOL的建立认同的机制。通过整理文稿，本文归纳分析受访者的使用体验，揭示其背后所蕴含的商业逻辑和情感链接，并由此得出结论。

四、研究结论

（一）KOL打造个人品牌引导消费

通过观察小红书平台中五位典型的意见领袖代表，对其发布笔记的特点及在小红书中如何发挥引导作用进行考查发现，KOL通常是通过打造个人品牌来引导消费实现商业变现的。打造个人品牌是意见领袖运用小红书来打造个人品牌魅力，以分享、互动的形式传递自己的核心价值，获取受众信任，累积属于自己的“粉丝”社群组织，力求在情感层面引起与消费者的共鸣，获取信任增强消费者的信任度，最终实现由个人品牌到引导消费的价值转化和变现。KOL想要打造自己的个人品牌需要设定清晰的人设定位、发布符合人设的专业内容，以及通过符合商业逻辑变现方式实现盈利。

1. 清晰的人设定位

由于用户需求更加细分，KOL群体加速分化，清晰的人设定位是精准定位受众的前提。例如，KOL硬糖视频的人设定位是两性知识博主，每期视频中都是围绕某一话题开展两性健康知识科普。需要了解两性相关知识的用户在搜索时就会收到平台推荐的硬糖视频发布的内容。KOL帕梅拉Pamela reif的人设定位是健身博主，通过塑造健康形象来定位受众，增强用户黏性。因此，清晰的人设定位会使内容更加直接到达受众，有效获得精准流量。

2. 符合人设的专业内容和价值分享

KOL 要想获得长足发展，就需要在自己的领域拥有相当水准的专业水平，源源不断地更新符合人设的专业内容，坚持以内容为王，提高用户整体的满意度和转化率。例如，美妆博主程十安 an 发布的笔记都是变美干货、日常妆发教程等，能够给用户专业性的指导。穿搭博主其斤小小的笔记以轻熟风和职场通勤风的穿搭教程为主，通过分享穿搭技巧和自己的日常生活，传递有价值的信息。符合人设的专业内容和价值的分享会让用户对 KOL 建立起认同和信任，并产生点赞、关注行为进而引导消费。

3. 符合商业逻辑变现方式

商业变现是 KOL 打造个人品牌、实现盈利的最后一步。符合商业逻辑变现需要巨大的流量，在小红书平台上，头部的明星 KOL 具有庞大的“粉丝”群体，占据巨大的流量池，所以利用明星效应向用户推荐明星同款产品成为小红书的一大亮点。此外，明星 KOL 在小红书平台中发布的笔记不同于以往他们拍摄的广告和商业代言。这种亲身体验式信息分享可以拉近与“粉丝”的距离，消除隔阂感。比如，在小红书平台上拥有巨大“粉丝”群体的明星博主林允，她在小红书上推荐的东西都是亲身体验过的相对平价的产品，对于购买力相对低一些的普通“粉丝”来说，林允的推荐正好满足了他们的购买需求。明星效应为小红书带来巨大流量，不断地带动消费升级和商业变现的实现。

（二）KOL 引导消费重塑了用户的消费决策路径

传统的消费决策路径：认知—兴趣—购买—忠诚。KOL 引导消费是在重塑这一消费决策路径。KOL 引导消费的数次触达，甚至是一次触达就能完成传统消费决策路径的全过程。传统消费闭环的前期考虑及评估过程被极致压缩或跳过，直接进入购买环节。新的消费闭环出现：购买—体验—认可—绑定。新的消费闭环的形成就是用户在使用小红书时的体验过程，以及对意见领袖建立信任机制的过程。

1. 良好用户体验构筑信任机制

首先，从用户体验来看，进入 App 就能看到针对 18~35 岁的年轻女性用户的旅游攻略、美妆视频等相关笔记分享。接受访问的五位小红书资深用户都表示来自 KOL 或其他用户的笔记推荐相比于直接的广告投放，可信任度更高。其次，一些 KOL 把自己的真实感受在笔记中如实展现。这种高质量的笔记被用户接受后会进而产生消费购买行为，获得良好的购物体验。在这种良好的用户体验和购买体验中，用户建立并不断加强对意见领袖和平台的信任机制，以提高购买转化率。

2. “好友推荐”式分享增强双向情感链接

接受访谈的小红书资深用户表示，当 KOL 笔记贴近自己的生活时，会下意识拉近与意见领袖的心理距离。比如，小红书中的明星 KOL 推荐平价好物时，用户会找到自己与明星 KOL 的共同之处，拉近 KOL 与自己之间的关系。另外，在社区氛围下，KOL 发布笔记更像是好友推荐，增加了用户的亲近感和信任感。在意见领袖与用户的互动交流的过程中，双向的情感链接也会不断得到强化。

五、结语

综上所述，KOL 引导消费是当下新兴的营销思路，因此探讨 KOL 在意见导向型网络消费平台中的引导作用和用户对 KOL 的认同的机制是非常必要的，对意见导向型网络消费平台的发展具有积极的现实意义。本文以小红书为研究对象，首先，对 KOL 引导消费和小红书发展概况进行了分析，并对网络消费、意见导向型网络消费平台概念做了界定。其次，探讨了 KOL 如何引导消费，主要的结论是 KOL 通过打造个人品牌来引导消费实现商业变现，具体包括设定清晰的人设定位、发布符合人设的专业内容，以及通过符合商业逻辑变现方式实现盈利三种方式。最后，从用户角度分析用户对 KOL 建立信任机制的过程，主要包括良好用户体验构筑信任机制和“好友推荐”式分享增强双向情感链接来建立信任，最终实现引导消费的目的。意见导向型网络消费平台作为新媒体环境下的产物，因缺少相应规制，在发展过程中存在野蛮生长之势，因此未来发展上还须做进一步规范。意见导向型网络消费平台的发展之路依旧任重道远。

参考文献

[1] 刘峻廷 . KOL 营销的传播效果分析 [J]. 新闻研究导刊，2020（11）：1-2.

[2] 李文艳，张桓森 . 社交电商“小红书”发展现状分析 [J]. 营销界，2020（20）：32-34.

[3] 任文洁 . 网络社区电商提升用户购买意愿的策略研究 [J]. 全国流通经济，2019（27）：21-23.

[4] 王华平，李飞，廖芮 . 基于 SoLoMo 模式的位置服务在医学图书馆信息服务中的应用 [J]. 教育教学论坛，2018（20）：12-13.

众筹出版成功的影响因素探析
——以摩点网出版类众筹金额榜单为依据

王　婷（北京印刷学院）

【摘要】众筹一词，翻译来自英文单词 crowdfunding。众，即大众；筹，即筹款，筹资。众筹指项目发起人在某一平台向他人筹集资金的一种形式。不同于捐款，当项目发起人无力承担启动该项目的资金，通过众筹平台成功启动该项目后，项目支持者会获得一定的回报。众筹出版是以众筹的方式出版，在图书出版之前，先通过互联网寻找目标读者，当获得一定的关注，筹集到足够出版的资金后，再将图书出版。本文将以摩点平台出版类众筹项目实际金额榜单为依据，分析出版类众筹的环境及出版类众筹项目的特点，探讨该类项目的成功因素，总结众筹出版的注意事项。

【关键词】众筹；出版；摩点网

目前，我国的众筹出版多在众筹平台上进行。据前瞻产业研究院的数据显示，我国的众筹平台数量在 2016 年达到顶峰，共有 532 家。截至 2020 年 3 月底，众筹平台数量仅剩 64 家。在这 64 家众筹平台中，从涉及领域来看，垂直细分类的众筹平台存活发展机会更大。比如，小米有品众筹主要是智能科技，点筹网主要是与农业相关，而摩点以其完整成熟的运营模式成为众筹出版项目的热门平台。

摩点成立于2014年，秉持“为创作者发声”的原则，通过众筹的手段为发起人和用户提供合作共赢的平台。在平台运营初期，主要以游戏和动漫内容为主；发展至今，摩点的众筹项目已涉及游戏、动漫、出版、桌游、潮玩、影视、音乐、活动、设计、科技、食品、爱心通道和动物援助等15个细分类别。在众筹流行初期，出版类众筹项目并未占有很大的比重，在2015—2018年，项目数量均低于20项；2019年出现数量激增的现象，上涨到108项；2020年出版类众筹项目达119项[1]。以项目众筹成功率来看，出版类众筹项目的成功率达78.55%，仅次于食品类和音乐类。可见在摩点这一平台，出版类的众筹项目是占有一定优势的。

一、出版类众筹的环境

传统的出版方式一般是作者投稿，由出版社编辑、印刷、发行，在整个过程中并没有读者参与，读者的意见并不在图书出版的过程中发挥主要作用，甚至在该过程中并没有渠道直接传达读者的意见。而在众筹出版的过程中，项目支持者直接决定了该书能否出版，并能有效参与到图书出版的生产、制作和销售等环节中。在项目发起之后，项目发起人可以根据项目留言等形式征集读者意见，根据读者的有效意见对自己的项目细节进行更改。此外，众筹出版的出版物多为立体书、解谜书、手工书或是针对某一大热IP推出的纪念图册。出版物的各个细节必须和读者进行交流互动，在出版前的各个环节中充分考虑读者的意见，根据读者意见改进自己的出版项目需要众筹这一环境。

摩点平台运营初期以游戏动漫类为主，逐渐发展到影视、出版和桌游等领域，积累了大量黏性用户。这些拥有小众爱好的核心年轻用户付费意愿强烈、忠诚度高，有浏览使用App的习惯，愿意为自身的兴趣埋单。一方面，项目发起人可以在摩点平台相对准确地定位目标购买者，吸引更多的有效注意力；另一方面，摩点也可以凭借多样的项目吸引更多相同兴趣爱好的“粉丝”群体，增加平台用户数。平台和项目发起方各取所需，双向互益，形成良性循环。根据易观千帆数据显示，摩点平台的月活用户数在 15 万左右。2021 年 1 月，摩点官方数据显示，平台注册用户已超过 1000 万，其每付费用户平均收益（Average Revenue Per Paying User，ARPPU）已经达到 363 元。虽然摩点平台“粉丝”数量不占优势，但是平台用户更有黏性，更有付费意愿，有较高的价值潜力。

因此，在摩点平台以众筹的方式出版与用户兴趣点相契合的产品，充分利用摩点平台的特点，抓住平台用户心理。

二、成功众筹的出版物特点

（一）从出版物自身来看

IP 赋能自带话题度。在众筹出版实际金额排名前十的项目中，“哈利·波特”“盗墓笔记”“陈情令”“故宫”“水浒传”“三体”均为强势 IP。此类热度较高的 IP 项目，自身带有一定的流量和话题度，有其固定的受众。这些自带“粉丝”的项目，不必再花更多精力考虑如何营销增加热度，如何吸引更多购买者，IP 自身就能将相同兴趣爱好和审美价值的“粉丝”聚集起来。拿出版类众筹金额排首位的哈利·波特立体书《霍格沃茨》举例，“哈利·波特”作为全球范围内的大热 IP，系列图书销售收入达到 77.43 亿美元。在 2021 年 9 月，网易和美国华纳联合打造的手游《哈利·波特：魔法觉醒》公测首日的下载量达 43 万次，自身数量庞大及拥有超强黏性的“粉丝”群体使 IP 热度数年不减，并在不同领域内相互引流，吸引跨界合作，维持持久的话题和热度。在摩点平台，该项目最终众筹金额高达 931 万人民币，成为众筹金额第一名的出版类项目。

历史价值提升收藏性。在实际金额排名前十的项目中，有与邪共予起灵书——《盗墓笔记》剧情影像纪念集特典、陈情一曲终不散——《陈情令原画影像纪念特典》、3米长的故宫立体书——献礼紫禁城600周年、魔法永存：《哈利·波特》20周年学院纪念版、法国自然博物馆重磅：800幅皇家珍藏400年历史遗产等项目。在这些项目名称中，提到的“纪念”“珍藏”“600周年”“400周年”等词均带有一定的历史意义，凸显了产品的历史感，提高了收藏的价值性，为产品赋予了高于其本身的价值。在众筹项目名称中加上历史收藏价值感的词语，为项目整体赋予了更高价值的收藏功能，抓住了买家的购买心理，在一定程度上提高了项目众筹的成功率。

形式多样增加新奇感。从众筹图书的形式上来看，不同于传统的纸质图书类型，出版社和买家更倾向立体书、解谜书等形式多样、具有一定趣味性的手工书。在2018年年末，解谜游戏书《迷宫·如意琳琅图鉴》成为摩点平台的爆款项目，以上线37天最终获得2020余万元众筹金额的成绩打开了众筹出版的大门。该图集制作精美，同时配有多个解谜道具，买家需要配合道具、线索，结合线上App使用。新奇的使用方法为读者带来了独特的体验。自此之后，各大出版机构看到了出版的另一种出口，众筹出版项目的数量开始快速上涨。故宫出版社发行的五米长卷重现大明风华的《清明上河图》立体书，以更真实的形式展现出作品的风采。《打开故宫》立体书包含了78个立体结构和10个建筑群，等比例还原了故宫的原貌。此类互动性、立体类的手工书更加吸引买家的购买兴趣。

（二）从项目发起主体来看

在众筹项目中，项目发起主体占比最多的为图书策划公司和出版社，而由个人发起的项目数量较少。2018年之前，众筹项目大多由个体发起，具有一定的分散性，很难产生大的影响力。一炮而红的《迷宫·如意琳琅图鉴》由故宫出版社发起，自此，出版社和民营图书策划公司看到了众筹出版的优势，开始尝试这一新途径。其中，出版社如中信出版集团、重庆出版社、青岛出版社，民营图书公司如果麦文化、未读文化等均在摩点平台发起过超过4个的众筹项目。相比较个人，由正规出版社或者民营图书公司发起的项目，在选题上更有吸引力，同时质量更有保障，买家不再为个人的“梦想”买单，更倾向购买自己心仪的、质量有保障的产品。买家在产品质量、周边设计、项目进程更新等方面都有一定的要求，而出版社及民营图书公司能更大限度满足买家的高要求。

众筹项目有详细的介绍和丰富的周边产品。在摩点平台，点开任意项目都可以看到有关该项目的介绍，包括项目产品细节介绍、亮点介绍、团队介绍、众筹故事、众筹回报及众筹解锁等。其中，产品细节介绍、众筹回报及众筹解锁介绍是项目海报中占幅最多、项目支持者最关心的部分。以哈利波特立体书《霍格沃茨》举例，海报中对产品各部分细节做了生动详细的展示，通过动图等形式向支持者全方位地展示该书的细节，在增加质感的同时也增强了空间感。设置多个众筹档位和众筹回报，可满足不同需求的支持者，同时刺激更多销量。众筹金额达到10万人民币项目即可启动，达到20万、50万、100万、200万、450万、888万、1000万时，分别可解锁英文原版明信片、英文原版作者签名海报、同主题贴纸、书签、魔法地图等周边产品。不同的解锁档位对应不同的周边赠品，支持者想要获得相应的周边产品，就需要支持更多数量或者使用私域流量发动更多人支持，对众筹成功有一定的推动作用。

三、众筹出版的注意事项

在摩点平台发起出版项目时，应充分考虑以下事项。

（一）选题和策划

在发起项目前，应充分考虑该项目是否适合众筹方式。依前文所言，众筹平台的用户多为动漫、游戏等垂直细分领域群体，互动性强、有一定的收藏价值或者热度较高的 IP 相关产品众筹成功的概率较大。缺少吸引力、没有能吸引平台用户注意力的亮点项目若想众筹成功，将有一定的难度。以摩点平台正在众筹的项目《中国通史（融媒体版）》为例，众筹金额仅筹到目标金额的 5%，支持人数也只有 30 余人，众筹进度缓慢。在宣传海报中，项目发起人虽提到“听与视的感官享受，适合所有人阅读的国史经典”，强调该书的历史意义与价值，但在当当网上检索《中国通史》，有超过十个出版社出版过此书，且包含课堂版、彩图珍藏版、全册版等多个版本，覆盖不同的价格区间。因为买家在其他渠道可轻而易举地购买此书，所以在摩点平台众筹出版《中国通史》，缺乏题材上的竞争力，导致项目进程缓慢。

（二）众筹档位和期限

众筹的各个档位及整体期限同样对项目有影响。众筹档位包含购买档位和解锁档位。购买档位一般是 2~3 个，分为基础档、珍藏档或豪华档等。基础档位是必不可少的，包含最基本的众筹产品，而珍藏档及其以上的档位，随着包含的周边数量的多少价格也随之增加。档位越高周边产品数量越多，价格越高。项目支持者会根据档位内产品的吸引力、实用性、性价比等因素考虑购买哪个档位。对于项目发起人来说，考虑合适、有吸引力的众筹档位也是必要的工作，档位怎样设置更有利于项目众筹成功，如何吸引购买者支持更有价值的档位等。设置合理的解锁档位同样会增加项目的成功率。以 2021 年 9 月 8 日在摩点上线的“经典永恒传奇再现——哈利·波特魔法宝箱”项目为例，自 9 月 8 日上线至11月16日，项目已逐步成功解锁8个档位，其宣传海报中显示，若支持人数持续增加，解锁的周边赠品将会更加丰富。支持人数越多，支持者收获的权益也越大。值得一提的是，在设置众多的解锁档位之前，首先要考虑的是众筹的启动目标资金，一般以图书成本、起印数量等设置，以能够出版的最低启动资金为宜。若设置过低，起不到众筹出版的作用；若设置过高，会增加众筹失败的风险。

一般来说，众筹的期限不宜超过三个月。若时间过长，甚至长达一年，支持者全款支持项目，表示对该产品有兴趣，但随着时间延长，并不能保证其对项目兴趣性的持久度，会增大项目的风险性；若时间过短，项目缺少足够的浏览量和曝光度，同样不利于众筹成功[2]。

（三）营销宣传和周边设计

增加项目浏览量和曝光度。项目曝光度越大，众筹成功的可能性越大。除摩点之外，可以选择合适的曝光手段在多个平台开展宣传，增加项目的浏览量。可在微博、抖音、小红书、豆瓣等平台，定位目标用户，充分利用各平台的使用特点，将项目推广出去。项目上线的前几天是众筹的关键期，决定了后期的走向，支持人数、项目解锁进度等数据都可以进一步吸引浏览者参与。因此，在项目初期，有效的宣传是不可或缺的。

设计制作各类周边产品。种类各异的周边也是项目支持者关注的环节之一，质量、设计、收藏价值、与原项目的关联度等都是其考虑是否购买的因素。除去质量因素，为增加周边产品的吸引力，出版社及民营图书公司一般选择原创设计，并保证在摩点平台独家发售，众筹结束后周边产品将不再生产，以此提高周边文创的价值。值得一提的是，并不是所有类型的周边都能得到购买者的支持。以摩点平台10月26日上线的项目图像版《铸剑》——致敬大先生给新青年的礼盒为例，截至 11 月 16 日，项目仅有 65 人支持，项目进度仅达 20.91%。在项目评论中，礼盒中的袜子套装引发争议。部分人认为袜子的想法不拘一格、设计新颖；部分人认为袜子与原书的关联度不大，把袜子用作书的周边是对原作者的不尊重。众筹时间已过大半，该项目能否成功并不能完全归因于周边产品，但周边产品是否恰当会对项目进度产生一定影响。

（四）售后担保和项目进程

提供有效的售后保证。在摩点发起众筹时，出版社需要提供营业执照和图书出版许可证，即项目发起人具备出版发行资格，个人无法发起出版众筹，在一定程度上保障了出版物的质量和售后服务的质量 [3]。买家倾向选择出版社和民营图书公司发起的项目，正规出版机构的产品售后更有保证。发起者在发布项目时，一般会对发货时间、产品质量、周边质量、快递包装等做出承诺，有完整的售后服务和担保。同时，购买者的好评和满意度有利于出版机构积累良好的口碑，有利于众筹工作的持续发展，形成良性循环。

进行及时的项目更新。在项目发起后，发起人有责任进行项目进度更新，向支持者展示近期的成果。同时，摩点按照一定的评分机制对项目打分，并以此作为项目的预收款的结算指标。评分标准包括项目更新发布频率、评论回复率、按时发货的订单占比、支持者好评率四项 [4]。以哈利·波特立体书《霍格沃茨》为例，项目从发起到结束共更新 37 次，针对解锁档位、产品制作等问题进行详细公布和解答，便于支持者了解进度。

四、总结

在出版行业面临着众多发展阻力的背景下，众筹出版作为一种独特的出版方式，向出版方和大众展示出其优势和生命力。利用合适的平台，充分了解用户特点和需求，选择有一定优势的选题，完善营销、设计等各种细节，众筹出版不失为出版方考虑的发展方向。

参考文献

[1] 亢姿爽 . 日渐成熟的新玩法 [J]. 出版人，2021（04）：23-24，26，28，30.

[2] 周伯军 . 众筹出版的实践及其思考 [J]. 编辑学刊，2021（05）：64-69.

[3] 段婷婷 . 摩点网众筹出版的发展现状与提升策略 [J]. 出版广角，2021（09）：61-63.

[4] 刘英杰，刘静薇 . 探析众筹出版 +“新文创”模式——以摩点网为例 [J]. 出版科学，2020（6）：52-59.

数字反哺启示：老年人微信使用行为差异分析

谭紫荆（北京印刷学院）

【摘要】本文基于对选择或然率的理论模型改进，将报偿保证分为娱乐需求、社交需求、信息需求和情感需求4个维度；将费力程度分为认知负担、时间成本、金钱成本和操作负担4个维度，来探究促进老年人微信使用的因素和阻碍老年人微信使用的因素。通过与6位老人深入交流，整理相应资料发现，社交影响是微信使用行为的主要影响因素。老年人与社会的链接越多，就越有可能有动机使用微信。老年人在持有智能手机之前所使用的手机类型及使用习惯，也会对智能手机的接纳和微信的使用产生影响。

【关键词】老年人；微信；使用行为；数字反哺

一、问题提出

联合国在一项报告中预测，在世界人口构成方面，与老年人口比例约为1/11的2017年相比，到2050年每6个人中就有1个人是65岁以上的老年人。老龄化进程将进一步加速，全球所有地区都将直面老龄化问题。在中国，截至2019年年末，60岁及以上的老年人口已达到2.54亿，占总人口的18.1%[1]。

根据中国互联网络信息中心（CNNIC）发布第44次《中国互联网络发展状况统计报告》，截至2019年6月，10~39岁网民群体占网民整体的65.1%，其中20~29岁网民群体占比最高，达24.6%；40~49岁网民群体占比由2018年年底的15.6%提升至17.3%；50岁及以上网民群体占比由2018年年底的12.5%提升至13.6%，互联网持续向中高龄人群渗透。同时，报告还指出，15~19岁网民群体人均手机App数量最多，达66个；其次为20~29岁网民群体，人均手机App数量为54个；15岁以上网民群体人均手机App数量随年龄增长逐步减少，其中60岁及以上网民群体人均手机App数量为33个[2]。老年群体从加入到按需使用，还存在很大的障碍。

老年群体在媒体中的形象，有时被刻画成资源争夺者，如大妈和青年人的广场之争；有时被刻画成数字时代的弱者，老人因无健康码而无法出入公共场所。这样的报道不在少数，依靠街边小食营生的老人未收到扫码付款的报道也并非个案。技术的日新月异，不断将无纸化推进到生活的方方面面。外卖、出行、支付都可以通过点击屏幕、通过网络平台来完成，而老年群体成长在纸质作为主要媒介的时代，面对这种传播介质的转变和社会文化的年轻化，老年群体产生文化休克再正常不过。探究老年群体微信使用时的阻碍因素和促进因素，有利于发现老年群体的真实诉求，让数字反哺精准化。

二、文献综述

（一）理论发展：从文化反哺——数字反哺

在国际研究方面，著名教育家普林斯基提出“数字土著”和“数字移民”的概念，用以区分伴随着互联网发展而成长的一代人与从传统媒体“迁徙”过来的“数字弱势群体”，形象地展现出了数字时代的代际差异。美国人类学家

M. 米德最早在《文化与承诺》一书中提出，当今世界的代与代之间的矛盾与冲突既不能归咎于社会和政治方面的差异，也不能归咎于生物学方面的差异，而主要来源于文化传递方面的差异。她从文化传递的角度，将人类社会由古及今的文化分为三种基本形式：前喻文化、并喻文化和后喻文化。“前喻文化是指晚辈主要向长辈学习；并喻文化，是指晚辈和长辈的学习都发生在同辈人之间；而后喻文化则是指长辈反过来向晚辈学习。[3]”

与后喻文化相似的概念是文化反哺。文化反哺的概念最早是由社会学者周晓虹提出，用来说明在急速的文化变迁时代所发生的年长一代向年轻一代进行广泛的文化吸收的现象。周晓虹始终将代际关系和文化反哺的研究置于改革开放后社会转型和全球化浪潮带来的社会变迁的历史进程中。他认为，文化反哺是由于巨大的“时代差”,并认为所谓“代沟”正是这种“文化差”的具体体现。形成两代人之间在价值观、生活态度和行为方式上相脱节的根本原因，是社会生活的物质文化的急速变动[4]。当下，青年文化对老年群体最大的冲击，是青年群体所使用的独特话语体系，如哔哩哔哩体——AWSL（啊我死了）、ZQSG（真情实感）等，即使配合文字解释，老年群体一时也很难感受到这个词组的语境含义。然而，媒体在追逐年轻世代偏好的同时，会忽略掉未跟上话语变革的老年群体，以至于无论是主流媒体还是网络媒体，都让老年群体陷入一种由话语搭建起的区隔之中。数字鸿沟不仅出现在硬件设备的使用上，也体现在话语体系的建构和解构上。

因此，数字反哺概念的提出正是破解上述双重矛盾的关键。数字反哺的概念最早由传播学者周裕琼提出，是指年长者向年轻世代学习数字设备实用技能的过程[5]。周裕琼与腾讯研究院合作发布名为《吾老之域：老年人微信生活与家庭微信反哺》的研究报告，报告的重点在于老年群体的微信使用状况及如何增强老年群体微信的使用率。其研究采取了实证研究的方法，建立工作坊，入户进行深入观察，详细了解老年群体的微信使用状况，希望借助家庭中年轻成员对老年群体进行媒介使用技能的培训，了解老年群体在微信使用中的真正阻碍，从而帮助老年群体更好地使用微信。“数字反哺”作为老年传播领域的学术名词得到确认，在后续研究中被广泛采用。

（二）学术研究方面

用“数字反哺”作为关键词进行搜索，获得 314 条搜索结果。用“老年传播”作为关键词搜索，获得 96 条搜索结果。用“老年群体”作为关键词搜索，获得的结果数以千计。经分析，周裕琼是最早提出“数字反哺”概念的学者，在其后续的研究中也较多涉及老年群体的研究。在最新发表的论文中，他重新梳理了国内外对老年群体的定义，提出了“老龄化传播”这个具有动态发展的概念，来取代“老年群体”这一固定的划分标准，总结了现有研究的不足，并未后续学者指明了可研究的方向。周裕琼教授还指出，目前现有研究主体过于单一化，将老年群体视为铁板一块，缺乏对比研究。这一观点非常中肯。在中国，60 岁及以上老年人多数生活在农村地区。多数大城市（北京、成都、重庆、广州、上海、深圳、天津和武汉）60 岁以上的老年人口仅占 10%。到 2030 年，中国农村和城市地区 60 岁及以上人口的比例将分别达到 21.8% 和 14.8%。但是现有研究对农村老年群体的关注度不够，以“农村老年群体”“媒介”作为关键词搜索，获得的结果只有 7 条，但是在最新发表的成果中，已有学者对农村老年群体的媒介使用产生关注。

此外，还有传播学者李彪最新发表的老年群体微信朋友圈使用情况研究，在此研究中整合技术接受和使用满足模型，以群体压力作为理论基础，来研究影响老年群体朋友圈使用的因素。研究方法上采用问卷调查，该研究在研究样本上对城市和农村进行了区分。该研究中的问题设置也给了笔者自建模型提供了很多启发。

传播学者彭兰和王宇也分别在现代传播中发表了有关帮助老年群体融入数字生活的论文，都将数字反哺视为一个有效的解决方案[6]。现将国内对老年群体的研究做出如下归类：

从传播学角度出发，一是受疫情影响，老年群体相关的健康传播议题增多。二是随着社交媒体用户下沉，老年群体在社交媒体中的形象也成了研究热点。三是老年群体媒介使用的现状，多借助数字鸿沟理论作为支撑，这一类研究大多是描述性研究，相伴而来的还有老年群体媒介素养如何提升的研究。四是集中在数字反哺上，关于数字反哺的现状、数字反哺遇到的困难及如何应对数字反哺中的困难，辅助性研究还有数字反哺受影响的因素有哪些。通过老年群体与青年群体新媒体使用情况的对比分析，研究较多集中体现在微信的使用行为差异上，如青年群体和老年群体朋友圈的使用差异。五是从代际关系入手，探寻文化反哺、数字反哺对于传统家庭权力模式影响，以及传统家庭权力模式对数字反哺进程的影响。

从经济管理学角度出发，主要指出银发经济的市场潜力，建议挖掘老年群体的需求，更好地为老年群体提供商业化服务。比如，老年群体智能设备设计观念的调整，意图探寻出更加适用于老年群体的智能设备。

从心理学角度出发，研究者彭华茂提出“老化悖论”的观点，从心理学给老年群体采用智能手机提供心理机制的分析。比如，老年群体相比于年轻人更加关注健康类资讯，已有信息相对匮乏，同时老年群体不熟悉网络信息的推送机制，因此别人的推荐就成了重要的信息来源。就像年轻世代从小红书上寻找相关信息的原因是一样的，只是老年群体对信息传播主体的资质缺乏敏感度。认知心理学家彭华茂在其研究中指出，老年群体的认知能力和决策能力并非会同时下降。老年人在决策过程中会比年轻人查看更多的信息、更谨慎、更全面。老年人只是在有关记忆相关任务方面表现得比年轻人差，在与自身关系密切的、重要的事情上，如交朋友和买车方面就表现良好[7]。人的认知能力会随着年龄的增长而减退，这是正常的衰老过程，青年世代应予以理解。这一角度非常有意义，周裕琼教授就指出现阶段老年化传播研究缺乏人文关怀，将老年群体使用智能手机上的困难简单归结于个体意愿。实际上，老年群体智能手机的采用确实存在身体条件和心理条件的限制，应对这种差异表示理解，而并非简单地将其归因于个体。

综合来看，研究老年群体群体相关论文，数量上 逊色于对年轻一代的研究，且研究多集中于微信的使用情况，研究媒介的丰富度不够。“时尚奶奶团”就是在新媒体上走红的，因此应主动在新媒体上挖掘老年群体的使用习惯，探寻老年群体不同的媒介使用差异。未对数字反哺发生的场景与影响因素作出进一步的探索，且在研究老年群体媒介使用习惯上多忽略老年群体的心理因素，应结合老年心理相关研究来弥补。研究方法上，应多以地方性的问卷调查为主。

在本次调查前期，进行过问卷发放，但是老年群体在填写较长问卷时，受限于使用设备及使用技能，在无人帮助的情况下很难独立完成问卷，耗时和收效并不匹配，而且交谈中出现的关键话语无法用量表进行展示。因此，本研究选取定性研究方法，对 6 位老人进行深入沟通。整个访谈主要包括以下问题：使用微信时是否具有不同的使用动机？ 促使他们使用微信时的动机是什么？又是什么因素阻碍了他们使用微信的积极性？本文将老年人的年龄范围限定为 60 周岁以上。获得面对面交流资料 6 份。依据定性研究方法，对访谈资料进行了整理、编码与分析。第一位编码按照访谈者性别划分：1 为男性，2 为女性。第二位编码按照受访者来源划分：A 为现实访谈。第三位编码为受访对象序号：01~06[8]。

三、研究模型和微信使用的影响因素分析

根据施拉姆提出媒介选择或然率公式，人选择使用一样媒体，会进行投入产出比的估计。本文将报偿保障和费力程度分别划分为4个部分，报偿保障为促进老年人微信使用的因素，费力程度为阻碍老年人微信使用的因素，因素选取上参考了认知心理学在老年心理上的研究成果[9]。学习微信使用首先是一项认知任务，老年人会对关涉自我的任务有积极的决策态度。同样，在进行一项认知任务时，相比于年轻人更加关注情绪感受，如果任务与记忆相关，老年人在任务进行时的心理压力就会影响老年人的情绪。

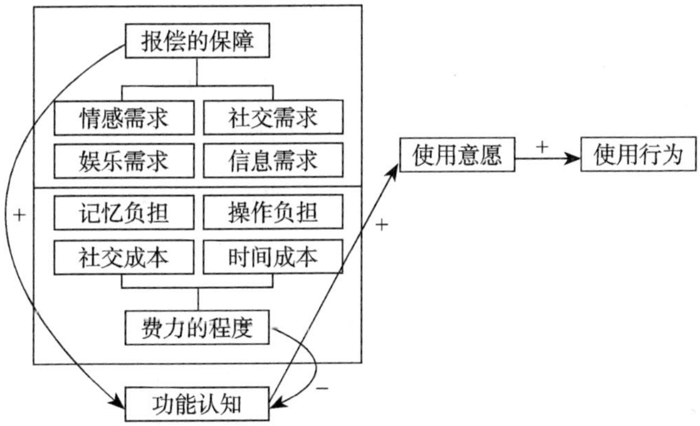

图1　选择或然率理论模型优化

（一）社交需求：回应他人提出的加好友申请促使老年人微信的接触

从微信接触动机来看，老年人的社会链接越多，就越有可能主动接触微信。而且在本次研究中，老年男性的社会链接多比老年女性丰富。“我不想用微信，我嫌麻烦。我那个加拿大的同学，老在微信上找我，我不会用，也不知道咋回复。

我都不知道他为啥能找到我。我参加同学聚会，好多老同学都让加微信，我不会用，就没加。但是人家老说让加，我就叫别人给我加了。但我自己还是不会加，我嫌麻烦。”（1A01）“我出去走路，有好多老太太说你看我这微信朋友圈，说她在微信上看到啥了。我不知道微信是啥，人家还问我要微信号，我也想看看，我就让人给我装上了。”（2A04）“我在老年大学有好多朋友，要经常一起交流书法，他们给我说微信能发图片，我就自己下载了。”（1A03）“ 我朋友多，要约着一块出去喝酒，以前打电话联系，后来人家说微信能视频，让在微信联系，我就叫我朋友下载了，先看着人家用，一会儿自己就学会了。”（1A02）

（二）情感需求：微信群聊功能促进老年人微信接触

能够以照片或者视频的方式看到亲朋好友的近况，是老年人接纳微信的因素之一。但是部分老年人会主动分享自己的生活状态，部分老人并不会主动分享。“我在家庭群里面也不说话，我就看他们在群里说，没事儿看看他们的照片，划一下。”（1A01）“我在老年大学的朋友建了一个书法交流群，大家没事儿就在里面发自己的书法作品。疫情期间，他们发得也比较多，我也发。微信也方便，可以打字，可以说话。”（1A03）“有时候心情不好，我就打开微信，看看朋友发的照片，看一会儿，就觉得情绪好一点了。”（2A04）

（三）记忆压力：记忆微信的使用步骤需要重复，一定程度上需要家人来帮助

微信不是一个单一的界面操作软件，老年人以往用的是直板机，键盘是外带的，而智能手机的很多界面需要自己调取输入法界面，因此，学习发微信之前，还需要掌握调取输入法的步骤。这在一定程度地上增加了老年人的记忆压力。并不是所有的老年人都愿意主动试错，愿意主动去尝试操作微信。

“我咋学会使用微信，也没人教我，我就自己点，我把每一个按键都点一点。有一次，我把手写按不见了，我就去移动电话那让别人给我调回来。后来，他们也没给调回来，还是我自己点点点，又点出来了。没办法，没人教我。”（2A04）“我以前用的是按键机，用惯了，我和我的朋友联系都是打电话，不会发微信。”（2A05）“我记不住，太麻烦了，我看不懂按钮之间有啥不一样，记不住，太麻烦了。有人来教咋用微信当然好，但没人教，大家都忙。”（1A01）

（四）信息需求：老年人喜欢在微信上浏览健康信息，对健康信息的诉求比较主动

老年人成长在传统媒体时代，接受信息的方式比较被动，智能手机的最大特点就是能够进行搜索和链接。但是老年人的信息习惯偏向被动，仅有部分老年人会主动进行信息搜索。这需要熟悉微信的搜索方式，如输入感兴趣的关键字就可搜索。老年人缺少的是一些基本的信息搜索的引导。

“能在微信上看健康大讲堂上没有的东西，我就老看降血压的。我喜欢看一些新的知识。”（2A04）“我看新闻还是喜欢在电视上看，打开电视就出来了，电视上也挺多的。我听我老伴给我讲她在微信上看到新闻，我自己不用微信看，我不知道咋看，能在微信上看健康信息就已经很好了。”（1A01）

四、数字反哺的启示

（一）结合老年心理相关研究，理解老年群体媒介使用行为

老年群体相比于年轻人更加关注健康类咨询，但是已有信息相对匮乏，同时老年群体不熟悉网络信息的推送机制，因此别人的推荐就成为了重要的信息来源。就像年轻一代从小红书上寻找相关信息的原因是一样的，只是老年群体

对信息传播主体的资质缺乏敏感度。认知心理学家彭华茂在其研究中指出，老年群体的认知能力和决策能力并非会同时下降。老年人在决策过程中会比年轻人查看更多的信息、更谨慎全面，老年人只是在有关记忆相关任务方面的表现比年轻人差，在与自身关系密切、重要的事情上，如交朋友和买车方面就表现得很好[10]。人的认知能力会随着年龄的增长而减退，这是正常的衰老过程，年轻一代应予以理解。

（二）避免先入为主的数字反哺，尊重老年群体的主体性

大部分数字反哺是跨代际进行的，且根据周裕琼老师的研究结论，跨代际数字反哺的效果相比直接的子女数字反哺效果好[11]。但是在进行使用与传播技能反哺过程中，青年群体大多会按照自己的意志进行局部的功能介绍。比如，考虑到指纹解锁的录入过程虽然复杂，但是相比于滑动解锁，更加适合老年群体，因为老年群体偏向于较少的屏幕操作。老年群体对微信的部分功能认知程度低。大部分老年群体对于微信这一媒介的选择主要基于同家人建立联系，而非运用微信重新建立一个社交圈子，扩大自己的社交范围，因此大多停留在与家人聊天这一基础功能的使用。因为缺乏对于微信的了解，老年群体即使接触了微信依旧处于被动局面。老年群体的微信使用是向内的，而青年群体的微信使用是向外拓展的，这就造成了老年群体对于部分外向社交的功能认识不足，如微信辟谣小助手、微信朋友圈，因此处于一个相对较为封闭的传播环境。

（三）以社区为聚点，动员社区成员互助

正如访谈中得出的结论，社会链接越多，老年人越有机会接触到微信，因此以社区为中心，可以让老年人与同龄人建立社会链接。数字反哺最常发生的情境是在日常生活中，目前我国 0~18 岁独生子女总量在 1.1 亿人左右，且 2020 年

前保持在1.1亿~1.2亿人。60岁以下独生子女母亲总量在1.3亿人左右，预计2020年60岁以下独生子女母亲总量达到1.5亿人左右。只有一个孩子，使这些家庭与多子女家庭相比更加缺少数字反哺的时间和机会。子女疲于应对生活，一方面，对于重复烦琐的数字反哺过程可能耐心较低，另一方面，可能存在数字反哺频率太低、无法持续进行的问题。因此，以社区为单位，组织社区老人共同学习，以任务为导向，进行针对性、密集性教学，可能会帮助记忆，可配合可视化的操作流程，还原日常应用场景，让老年群体随学随用，增强学习的自信心。

认知心理学家彭华茂还在研究中指出，老年群体与青年群体在时间知觉与社会目标上的感知是不一样的，青年人会觉得未来时间无限，因此在学习过程中注重知识获得，而老年群体会觉得未来时间有限，而更加注重情绪调节[12]。这也从心理层面回答了为什么有的老年群体愿意学习如何使用智能设备，因为只有在学习过程中收获到快乐的老年群体才会愿意主动学习。因此，年轻一代在进行数字反哺的时候，可以进行正面激励，不要带有情绪，草草了事。网络上也曾流传一张手绘的微信使用说明，科技带来无纸化生活的便利，但是也加剧了老年群体的认知负担。微信操作的学习过程，主要是对路径的记忆和熟悉，这本来就是一项认知任务。因此，老年群体健忘是因为生理方面的限制，年轻一代也应予以理解。

（四）合理借助传统媒体在老年人信息获取中的优势

“你知道那个节目吗，叫快上网，就是给老年人教咋上网的，正在电视上播呢。我没事儿就看。但是看了也记不住，播完就没了。”（1A01）老年群体成长于传统媒体时代，接受信息的方式比较被动。同时，由于一些历史原因，老年群体的受教育水平较低。他们在理解智能手机的使用上存在困难，如大量的屏幕操作、复杂的按键组合，一不小心就会误触等。没有人来帮助老年人的话，他们就比较容易丧失学习的热情。如果通过新媒体教老年群体怎么使用手机，那么就需要先让老年群体看到这个内容，可老年群体使用智能手机主动搜索的能力又比较欠缺。因此，可以通过主流卫视频道，进行电视节目和新媒体端的合作，让内容先被看见，利用新媒体端视频能够被反复学习和观看的特性，以帮助老年人解决学完就忘的问题。

五、总结

在数字反哺的过程中，可以让青年群体意识到年长一代身处的社会文化与自身所处的社会文化之间有何差异，从而更好地理解老年群体。一方面，科技在进步；另一方面，人类总是接续性地走向衰老。老年群体并非社会资源的挤占者，而是与各代人共享资源、创造价值的主体，同时也是被新科技逐渐边缘化的一代。新一代生育意向的降低。人口老化的加剧，都在一定程度上放大了社会资源获取的冲突。但是，年轻一代有着接触新鲜事物的敏锐，因此让年轻一代主动了解上一辈，是最有效的沟通方式，而问题的解决正得益于有效的沟通。

六、反思

本文的参照样本较少，无法推演到老年群体上，且未进行大规模的问卷调查和数据分析。虽然本文对老年人微信使用差异有所探究，但是还不够深入，样本量无法对是性别差异造成使用行为差异还是个体的心理机制导致的差异进行很好的说明。下一步，为完善该论文，可增加访谈人数。

参考文献

[1] 日经中文网 . 联合国 [EB/OL]. https ：//cn.nikkei.com/politicsaeconomy/politicsasociety/35000-2019-04-03-08-59-28.html.

[2] 中国互联网络信息中心（ CNNIC ）的历年报告 [EB/OL]. [2022-01-28]. http ：/ /www. cnnic. Net.

[3] PRENSKYM. Digitalnatives，diditalimmigrants [J]. Onthehorizon，2001，9（5）：1-6

[4] 周晓虹 . 文化反哺：变迁社会中的亲子传承 [J]. 社会学研究，2000（02）：51-66

[5] 周裕琼. 数字代沟与文化反哺：对家庭内“静悄悄的革命”的量化考察 [J]. 现代播，2014，36（2）：117-123

[6] 李彪 . 数字反哺与群体压力：老年群体微信朋友圈使用行为影响因素研究 [J]. 国际新闻界，2020，42（03）：32-48.

[7] 唐魁玉，刘冬 . 年轻人与老年人微信使用行为的对比研究 [J]. 中共杭州市委党校学报，2015（06）：69-74.

[8] 刘雪萍，彭华茂，姬玲玲 . 任务自我相关性和认知负荷对老年人决策过程的影响 [A]. 中国心理学会 . 第二十届全国心理学学术会议——心理学与国民心理健康摘要集 [C]. 中国心理学会：中国心理学会，2017：2.

[9] 申继亮，王大华，彭华茂，等 . 基本心理能力老化的中介变量 [J]. 心理学报，2003，35（06）：802-809.

[10] 周裕琼，丁海琼 . 中国家庭三代数字反哺现状及影响因素研究 [J]. 国际新闻界，2020，42（03）：6-31.

[11] 王广州 . 中国独生子女总量结构及未来发展趋势估计 [J]. 人口研究，2009，33（1）：10-16.

[12] 邹君，唐丹，王大华，等 . 老年人积极情感和消极情感及相关因素研究 [J]. 中国临床心理学，2006.

“图书 +IP 带货”模式底层逻辑和营销机制探析
——以现象级 IP 刘媛媛为例

马雨涵（北京印刷学院）

【摘要】近几年，传统图书出版行业日显颓势，伴随着“短视频、直播带货”等新型媒体形态的勃兴，图书出版业也试图将其应用于图书的发布与营销环节中，以此扭转落后局面。但与此同时，在各平台中以个人 IP 为核心的账号异军突起，凭借其鲜明的人格属性和亲民的特点为受众留下了深刻的记忆点和好感度，成长速度和变现效果反超大型的出版机构，掌握了图书业的话语权和引领权。本文从“人、货、场”三个维度出发，以此为主线剖析其内涵价值及商业模式，试图探索可以推动图书出版业态可持续运作的策略和发展路径。

【关键词】图书出版；IP 人物；直播带货；媒介融合

一、IP 兴起背景与现状梳理

2020 年，在宅经济和新冠肺炎疫情笼罩的情况下，原本就岌岌可危的线下的实体书店客流大幅度下滑，业绩出现亏损，甚至有一些资金链乏力的书店开始停业。但与此同时，线上销售渠道异军突起，占比增大，抢占了线下书店的地盘。实际上，自 2017 年后，伴随着短视频和直播这两种新型媒介信息形态的日益勃兴，从"试水"到如今的广泛应用，在与图书出版业的耦合下，"短视频 + 图书"和"直播电商 + 图书"的新路径让图书出版业找到了崭新的发展路径和商业营销模式，为颓势的图书出版行业生态注入了新活力，一定程度上扭转了颓势局面。而加入这个赛道的不只是积极破局寻求生存出路的出版社，还有一拨人也果断地加入了赛道。领域内不断涌现以个人的亲民形象来推荐和售卖图书的个体 IP，如樊登读书、王芳等多个极具影响力和变现价值的个人 IP 账号不断涌现，在短短一年内事业版图拔地而起。他们的个体账号的码洋和影响力甚至盖过了如京东、当当等购物平台，自然也超越了在新媒介趋势下急切转型、苦苦求生的传统出版社。在这一众的个体 IP 中，刘媛媛所带领的团队和变现渠道，搭建的媒介矩阵屡创佳绩。其中的模式运维、底层逻辑和营销进路也值得传统出版机构和相关图书平台学习，尝试迈出固有的舒适圈，探索以打造特色 IP 为主线的，聚焦"人货场"的新营销手段和商业模式，以此颠覆现有的经营瓶颈，在破局中寻求突破，找到可以推动图书出版业态可持续运作和稳健发展的策略和路径。

二、"人、货、场"要素兼具，商业模式构建的内在逻辑

在各大平台上像刘媛媛这样的垂类头部主播并不少见，但是能够创造一场直播就能带来过亿元的销售额，并且带货品类趋于综合多栖发展的主播屈指可数。而她的成果与她的个人形象打造，人设的重塑转化，选品的独到眼光，一语中的议价能力、催单技巧和销售话术，包括直播场景的搭建等都有着密切的

联系。她的直播内容体系和成长的路径也是值得我们进一步挖掘剖析和学习的。接下来，本文将从“人、货、场”三个大维度出发，以此为主线来挖掘其内涵价值及商业模式，并从中找到可以汲取和模仿学习的路径。

（一）IP人设：多重人设打造，身份标签塑造可信度

霍夫兰在传播与说服效果的研究中提到了信源的“可信性效果”理论。一般来说，信源的可信性越高，其说服效果就越强；可信性越低，说服效果就越弱。而可信度一方面与传播者本身的品质有关，如是否具备诚实善良、正直等品质，另一方面与传播者在某领域的专业度呈正相关。这说明如果想要在知识付费领域引得流量，通过卖书来获得变现，是需要一个亮眼的人设和受到用户喜爱的人物形象的。刘媛媛从进入大众视野起就自带“光环”，她是出自北大的“寒门贵子”，虽然出身贫寒，没有外部环境的加持，但是经过自己的努力和勤奋成了顶尖名校的优秀学生。这样的成长奋斗经历，为成千上万望子成龙的中国父母们注射了一剂强心针，让他们能够被这样的励志故事所震撼；同时，也能够对她的这种人设产生更大的信任感，对她的专业能力、学历背景、学习能力水平有了更高的认可度，进而认为如果能够在这里获得技巧和经验，自己的孩子也能够因为获得独门的学习秘籍而在起跑线上获得领先优势。

她的人设打造远不止学霸一个，她当年的出圈形象便是北京电视台《超级演说家》的冠军，从一个毫无演讲经历、不被人看好的“小白”，通过自己高效的学习能力，最终以黑马形象冷门夺冠，一时间备受瞩目。励志演说家这一重身份也无疑丰富了她的个人 IP 形象，为她在知识服务相关领域奠定了更坚实的基础，使她稳了脚跟，也为她后期开展相关的演讲付费课程做好了铺垫。刘媛媛的第三个人设属性是她登上了福布斯精英榜的年轻女 CEO。她初期下海

布局“考研网站”，但后期运维乏力加之外部因素的作用，几个月内就被迫下线。但她没有就此放弃，而是收拾心情总结经验教训重新上路，至今她已经登上了福布斯的精英榜单。

这三重人设都勾勒出了她“专业能力和学习能力强”“成功人生”“掌握高效学习技巧和方法”的特质，让目标受众对她产生十足的信赖感、信服感和崇拜感。我们从中可以看到，IP 人物本身的人格魅力和特质属性对于她下游业务的拓展起到了至关重要的作用，也对她开拓直播卖书和图书推荐知识付费等版图起到了极大的助益作用。

“人”这个板块的搭建除了核心 IP 人物，还会配备一些助手和“工具人”。可以注意到，直播间中的主播不只是刘媛媛一个人，她的团队中还有几个熟悉的助播，但她们并不是主讲人，只会辅助刘媛媛进行讲解，大多数情况下只有画外音，极少数情况下会出镜。她们最主要的作用是以助理身份烘托直播间的氛围，营造火热的抢购场景，来配合刘媛媛的催单话术。例如，她们会在某商品限时抢购的时候进行倒计时和成交量的统计，通过营造这种氛围来感染直播间的用户下单购买。这样只树立一个核心人物的做法是很明智的，毕竟在打造 IP 的过程中，用户一方面为商品买单，一方面也是由于被 IP 个人的影响力和感召力所吸引，在此基础上产生对意见领袖人物的信任感和喜爱度才愿意跟随他们的脚步进行消费产生购买行为。因此，主播 IP 一定是直播场景中的核心所在，人是最关键的变量因素，也是独一无二不可代替的存在。

（二）挖掘风口产业中的冷门品类，精准定位人群开发利基市场

根据克里斯·安德森的长尾定律，小众产品的份额累积起来可能会比大众产品的效益还要高，占据更大的市场份额。因此，在当下的分众化趋势下，不

去跟风而是带着独特视角去选择一个相对冷门的赛道未必不是一个聪明的做法。

利基市场，也叫长尾市场。来自英文“Niche”，意思为查缺补漏、见缝插针的意思。在《营销管理》中的定义：利基是更窄地确定某些群体，这是一个小市场并且它的需要没有被服务好，或者说“有获取利益的基础”[1]。换句话说，可以理解为尚未成熟，有待开发的受众，较为具体且较为小众的市场。近两年来，时尚女装、化妆品护肤品市场势头正旺，并且利润空间极高，但刘媛媛并没有选择在这个极度热门的市场中分一杯羹，而是从自己的人设定位出发，用独到的眼光盯准了一片蓝海，看准了出版行业的危机和发展潜力，站上了知识服务领域直播卖书的赛道。而在具体的图书品类中，她也并非包揽各种品类，而是在精心分析和判断后挑选了“儿童图书”这个细分的垂直领域，针对特定的用户群体进行精准化的服务。正是由于她这些具有前瞻性的判断和决策，让她能够在竞争激烈的直播短视频领域中拔得头筹，脱颖而出。

在不同年龄段和购买力的消费者中，她选择了比较年轻但还有一定消费能力的年轻父母作为自己的目标用户。从“抖V数据”中可以看到，在她的直播间下单消费的人群主要是女性群体，年龄段覆盖在18~35岁。为了能够最大限度激发消费者的购买能力，她根据定位准确的用户画像，在选品和直播营销的话术上下足了功夫。无论是在售卖的货品还是营销的语言上，她总是能够一语中的击中直播间家长的痛点，和用户产生共鸣。这也加强了忠实用户的黏性，同时也引来了新粉的驻足和关注。开播时间也会匹配目标人群的日常作息，图书类直播会选择在上午，契合家长们送孩子上学后的闲暇时间，美妆日用品类会在晚饭后的时间开售，家长们一天的工作过后，也会愿意用购物来消解一天的疲惫和紧张，把看直播购物当作繁忙之外的消遣和放松。

(三)选品逻辑：全方位布局用户需求链条，多层次商品框架最大程度挖掘消费者价值

在选品环节，刘媛媛和她的团队侧重挑选内容丰富且口碑好的精品，同时兼顾价格低廉。她看准了家长们都希望孩子全方面综合发展的"贪婪心理"，因此在童书的选择上不仅限于知识类的图书，而是遍布绘本类、兴趣类、百科类和教辅类等多个领域的书籍。不仅如此，在选书环节中，除了秒杀引流的主推爆款书，她也会选择成套出售且价格相对较高的书籍，以此来有效提升销售额。

下单买书，听刘媛媛分享学习技巧和育儿经验是直播间内用户的第一需求，对用户的其他潜在需求和隐形需求的挖掘也是关乎营销成效的一个重要因素。开发其他品类的产品，提供更多类型的服务，能够力图延伸消费者的购物链条，让用户在直播间实现一条龙的一站式购买，增强其黏性、忠诚度及收入。因此，周边学习文具类产品成了她们另外主推的一类营销线，这类产品在刘媛媛直播间内销量也极高。例如，一款AR智能语音地球仪和坐姿调整书桌，单价虽然较高，但是契合了目标受众的需求点，也获得了令人惊喜的销售额。除了给孩子准备的书籍，她还瞄准了家长们的潜在需求。这个年龄段的家长们大部分处于事业的瓶颈期，与逐渐步入青春期的孩子难以沟通，家长们大都处于焦虑迷茫中，因此针对解决家长们痛点的书籍格外受到欢迎。她偶尔会推荐有关职场晋升、自我管理类的书籍，这些书能够帮助家长解决一筹莫展的生活和工作等多种场景下的痛点问题，自然也收获了不俗的销售额。

此外，家长们的底层逻辑和需求其实就是用科学的方法培养孩子，让孩子能够赢在起跑线上，实现知识和能力的双向发展。于是，她又围绕核心产品提供了支线的额外服务，如和图书配套的讲解课程，包含音频课、直播课等，还有针对不同年级、不同科目的辅导课等，成功开启了知识付费的盈利模式，也优化了服务架构。同时，她还洞悉到了现代人的碎片化习惯和拖延的懒惰心

理，在课程基础上她仿照前两年很火的薄荷阅读模式开启了自己的付费社群，增加了盈利支线，促使用户沉淀到了私域，增强了用户黏性。

时至今日，刘媛媛已实现了从知识领域内的垂直类图书主播到全品类主播的华丽转身和跨越式的变道发展，成交总额也有了指数级的增长，成了名副其实的“带货一姐”。实际上，一方面，她从图书和知识教育的垂直品类转向全品类主播不仅是出于拓展现有商业版图，寻求更高额的利益空间的目的；另一方面，也受到平台“潜规则”流量分发机制和算法推荐逻辑的影响。根据抖音直播间的推荐算法，上场直播的在线人数决定了下场直播的推荐人数，并且每次推荐量都递减。因此，单一的图书品类无法聚集大量的用户群体，也无法得到官方的算法推荐引流[2]。为了通过跨品类推荐增加曝光度，刘媛媛不仅卖丛书套装，还卖辅助工具和相关课程，并逐渐扩展到美妆和日用品类。当流量和影响力上去以后，再有计划、有策略地插入她的核心知识类产品，维护其 IP 调性。这种商业拓展模式也和很多当下较知名的主播的策略有异曲同工之处，先将垂直领域做到头部，积累起“粉丝”基础和正面口碑，再去拓展更多样态的商品品类。

此外，单一品类虽然有助于精确定位和目标群体，但是很容易碰到行业的天花板，主播和其团队的佣金也容易受限。即便做到了垂直领域内的翘楚，一旦置身于全网带货主播中，销售额也显得微不足道。由于商品品类的限制和单价的问题，图书教育类目商品相较于一些快消品销售体量偏低，再加上图书的单价整体偏低，所以销售额相较于其他品类很难有质的突破。因此，对于做垂直领域类的主播来说，如果有机会和基础能够实现到全品类的跨越，这就意味着可以获取更广阔的变现空间与更高的收入，与此同时也可以挖掘到 IP 的更多价值和可能性。

在“货”这个板块的布局结构下可以看到，卖书是刘媛媛的着重发力点，但她独具慧眼，洞悉到了目标用户中家长们的底层逻辑，尝试挖掘用户的附加价值和额外需求，看准时机果断跨界转型为全品类现象级主播，为用户搭建了全方位的产品框架和服务矩阵，从而实现营销过程的闭环服务和进一步转化增值，一举两得实现了最大收益。

（四）聚焦场景运维和叙事话语优化，痛点捕捉与情感诉求的双管齐下

1. 场景与话术相得益彰：多种营销宣传技巧，群体模仿下的狂欢式消费

直播场景和直播过程的具体实施路径也是至关重要的一个环节，它包括了直播间的内容、画面、场景、互动形式和主播的话术及营销技巧等。刘媛媛会时常变换自己的直播场景，防止观看者审美疲劳。同时，这种场景的搭建也能起到一定的心理暗示的效果，选择和直播品类和主题相契合的场景，能够起到赋能营销过程和增加下单量的作用。

直播中与下单量和留客量有着直接联系的还有主播的话术技巧和营销手段，这对于昔日的演说家冠军刘媛媛来说，将其应用在直播中可谓是如鱼得水。乐队花车（bandwagon）“顾名思义就是‘每个人——至少我们所有的人——正在做它’。利用这种技巧，宣传者试图使我们相信，我们所属团体的所有成员都接受他的计划，因此我们必须跟随大家‘跳上乐队花车’”[3][4]。这种方法尤其适用于图书出版及教育课程类的商品和营销，因为在当下“内卷化”的教育环境下，每个家长都迫切希望自己的孩子能够通过学习提升能力获得光明的前途，都希望自己的孩子能够抢先赢在起跑线，争先恐后生怕落下一步。刘媛媛总会抓住家长们的心理，通过营销方式来暗示所有孩子都在阅读，通过用“二年级了词汇量还不到 2000 吗？”“其他孩子都在偷着学习，只剩你的孩子还在玩”“别让自己的愚钝耽误孩子的将来”之类的话术来让家长们产生担心掉队的心理，参与到狂欢的抢购浪潮中去。

再有，如前文所提到的双主播和助播所达到的气氛烘托效果也是直播中的一个关键要素，主播会在产品讲解和催单时通过群体暗示、群体感染的方式来促使成交和直播间内用户的下单狂欢。这主要是在利用受众喜欢跟风、喜欢贪小便宜、易于受到他人影响的第三人效果的心理来完成的。刘媛媛的助手会在商品上架限时抢购的时候采用“已经买到的宝宝们在公屏回复‘买到已付款’”“在评论区打出 11.6 日一年一次的童书大促”等类似的话术来点燃直播间氛围。在这种情况下，用户失去了理性判断和思考的能力，而处于一种跟风式的盲目的从众状态，很容易产生冲动的非理性的下单消费行为。

2. 营销方法的应用和具体直播路径的筹划：紧凑密集、节奏适当的直播流程

若要做好一场直播，合理的流程规划和引流提升曝光的方法不可或缺。这需要直播前在各大媒介矩阵中的铺设预热活动和发起话题来获取曝光度和传播量，从而为直播间引来第一波新鲜的客流量。在直播中，也要把握推品和分享干货经验的节奏，让用户不仅能听到主播卖货而在直播间下单，还能得到情绪放松和一定程度上的自我满足、自我认同和自我提升。这也是卡茨在使用与满足理论中所提出的用户需求的四重效用。当用户的多方面需求在直播间得到满足的时候，就能将官方流量池的普通用户转化为消费者，甚至是忠实“粉丝”。在直播后，也要尝试通过转化将路人转化为黏性用户，即便是单次用户也要尝试发掘其最大价值，通过转发点赞等形式得到裂变、扩散，增强其热度。

直播前，刘媛媛团队会在自己的全媒体矩阵中充分直播预热，还会在微博、小红书等社交媒体中做进一步的内容分发，发布转发有奖活动，以此提升来自不同渠道不同使用习惯的大众的关注度。另外，她还会把下一场直播的主题和时间置于平台昵称中或者简介栏里，简明清晰地让用户了解准确的直播

时间。她还会在个人主页中会标明直播中的重磅抽奖福利和活动力度，引流并吸引用户和新粉丝在直播间守候抽奖。直播中的“三步走”遵循“停留—预告—引导”的三个步骤：在直播过程中，她会在卖货过程中插入很多轮抽奖活动，引得本没有消费需求的用户在这个过程中被转化为潜在的消费者。此外，每次直播她还会设置超低价的秒杀品类图书来提高人气，增强自身的吸附力和用户黏性。在此类商品售卖完毕后，她还会趁着用户聚集未散，再去销售她的核心产品或者相对难以售出的边际产品。她常常使用饥饿营销的方法，如在上架商品时分拨限量款，激发用户的好胜心和争抢欲，通过这种心理技巧来提升转化率。直播后，她会将在直播间消费的用户沉淀转化为自己的私域流量，继续发掘他们的其他价值。她会将直播间消费的用户引流到微信公众号和读书群中去，并承诺连续打卡可以全额退款。例如，购买了读书课的用户便可以在社群中打卡和分享，接受社群内班主任老师的监督，还可以和群内用户进行阅读体会的交流。在这个依靠趣缘和相同目标的小圈层中，大家会在社群组织者体系化的运营和管理下凝聚群体归属感，在每日的仪式化的打卡中对这个组织和活动产生较强的依赖感和认可度，从而进一步完善和规模化这种服务模式。这种累积的口碑会不断地吸引更多有类似需求的用户。她们也给未能连续打卡的用户贴心地设置了补救的方法，只需要将课程宣传海报和二维码进行转发便可以有资格继续进行读书打卡返现的活动。这个路径提升了消费者满意度，也在不知不觉中利用用户的内部渠道和人际关系网进行了第二次的裂变宣传,实现了强弱关系网下的双重扩散。如此一来，从公域引流到私域转化，用户复购率大幅度上升，用户的黏性和活跃度增加，也以低廉的成本在第一波消费者的交际圈进行了大范围的人际推广，从而形成了完美的闭环。

三、结语与启示

如今，打造IP已成了获取流量和制作爆款的“财富密码”和捷径赛道。快手、抖音等社交平台上，也一直活跃并不断崛起大量图书和知识领域的垂类创作者、头部创作者，如“樊登读书”“Tyler读书”等。他们已经建构起了鲜明的个人风格，积累了一定数量的忠实用户和“粉丝”群体，有较大范围的知名度和影响力[5]。

实际上，人设、人物形象及用户对IP人物的忠诚度是打造IP的重中之重，也是构建庞大盈利模式的法宝。当下的直播带货模式提供的场景升级聚焦的是人与人之间的关系重建，是销售者和消费者之间单一买卖关系的转化和迭代，因此IP的打造和维护是后续一系列营销活动的基石和起始点。用户认可和追随的是一个立体化的IP人物，是可以解决多维度用户需求的IP。用户认同的是一个以IP为内核的辐射到各个领域的理念，所有的消费购买行为也是以此为基础的，原点都是这个IP的人物形象和他所传达的价值观念。

因此，对于主播刘媛媛来说，在把握住更多商业机会的同时，也需要格外爱惜自己的羽毛，不断地巩固和丰富个人的“前台形象”。另外，秒杀底价的一元图书不应成为直播间长期引流的一个途径，不要让高质量图书和图书出版行业成为廉价引流的牺牲品。对于现如今难以盈利、面临生存危机的传统出版业来说，在直播流量电商的联合挤压下何去何从，如何在夹缝中继续生存也是值得平台、出版业和传媒从业者审慎思考的一个问题。为此，作为新出版人的我们应该力担重任，尝试踏出原有的舒适圈，总结和探析图书领域运作较成功的个人IP账号的运营特点，并将处于风口的IP运作模式融合进图书营销策略之中，创新现有的营销策略和布局逻辑，与新媒体生态充分融合，搭车短视频、直播等新媒体逻辑实现转向，各取所长，推进筹划既能够惠及消费者，为原创作品作者带来收益，又能够促进图书出版业不断挖掘精品书籍、持续优化图书生态的发展方式和稳健的变现路径，重掌图书领域下的话语权、引导权和主动权，真正实现图书出版业态振兴和可持续增长。

参考文献

[1] 杨佩汶 . 鸟哥笔记 [EB/OL]. [2022-02-03]. https：//www.niaogebiji.com/article-76488-1.html

[2] MBA 智库百科 .《利基营销理论》[EB/OL]. [2022-01-12]. https：//wiki.mbalib.com/wiki/%E5%88%A9%E5%9F%BA%E5%B8%82%E5%9C%BA.

[3] 廖春雨 . 图书直播：互动仪式链视角下的出版新思考 [J]. 新闻世界，2021（09）：63-66. DOI：10.19497/j.cnki.1005-5932.2021.09.021.

[4] 詹姆斯・W. 凯瑞 . 作为文化的传播 [M]. 丁未，译 . 北京：华夏出版社，2005：28

[5] 2020 年 11~12 月中国直播电商行业月度运行及年终盘点数据监测报告 [R]. 艾媒产业升级研究中心，2021-01-22.

具身构建、沉浸与延伸：线上的知识流动与传播

蒋怡　张聪　刘倩（北京印刷学院）

【摘要】在疫情防控常态化的社会背景下，线上知识的传播状况作为一种社会现象引发了学界讨论。本研究采用深度访谈获取线上知识接收主体的学习意愿并尝试引入具身认知理论，分析具身认知理论视角下线上知识传播的不足，以解决的问题作为突破口，引入相关案例分析为线上知识的流动与传播提供新的视角。

【关键词】具身认知；线上知识传播；沉浸

在疫情防控常态化的趋势下，借助线上课程、云会议、云讲座等线上形式开展知识传播活动仍具有活力，但线上知识传播的场景与效力、线上知识的学习与实践等问题引发了人们的思考。具身认知理论探讨身体、环境对于个体认知的影响，强调认知的具身性，这为提升线上知识传播的质量与效果提供了理论指导。

本研究通过对在线课程、云会议的参与者及知识付费用户的在线访谈，提出了 17 个相关问题，获得访谈文字资料 12107 字。通过访谈了解线上知识接受主体的学习意愿并尝试引入具身认知理论，分析具身认知理论视角下线上知识

传播的不足，以亟待解决的问题作为突破口，为线上知识的流动与传播提供新视角。

一、具身认知理论视角下的线上知识流动与传播

具身认知的研究成果指出，只有符合个体身体状况并与其切身参与经验有关的外部知识才能被个体长期有效地调用[1]，这对于线上知识的接收与消化而言存在一定技术壁垒。其一，是对个体身体状况的把握。在线上，身体受环境约束的可能性大大降低，“线上学习不受时间和地点约束，相对于线下竞争激烈的学习环境，还是线上比较轻松”（访谈者 1）。学习环境的改变导致身体脱离了特定场域带来的惯性，“碎片化”“低效”等学习问题不可忽视。但与此同时，具身认知的研究成果也表明，放松对身体活动的限制不会削弱个体认知的效率，并且在帮助其理解许多概念时会起到积极作用。因此，如何构建适宜的线上学习的具身环境，加强情境对身体的调动是具身认知理论视角下线上知识传播首先要解决的问题。其二，线上借助学习工具的“离身”状态与“切身”的要求存在冲突，加之新媒体环境下线上知识正随着受众长尾市场的需求和众多聚合类、垂直类平台的出现而走向多元化，“线上网课内容很多，可以了解到平时接触不到的内容，只不过大多是泛泛地学一下”（访谈者 2），海量与宽泛线上知识类别是其区别于线下知识传播的独特优势，但不可避免的是，知识的实用性及知识同学习主体接近性的程度大打折扣。因此，应进行线上知识个性化定制，激发线上学习兴趣的同时让技术设备成为学习者接受知识的“端口”，借助知识符号载体现代化与传送手段的多样化，创造出线上学习主体身体能够具身参与互动的知识服务平台。

综上，在线上知识的传播路径中，应注重对具身认知理论的应用，将身体、

环境和技术三大元素有效融合，提高线上知识学习的效率，增加线上知识内化与外化的成果。

二、线上知识流动与传播新视角

近年来，身体观念在传播领域中的研究着眼于对由新媒体技术引发的“离身性”与“具身性”的辩证思考。然而，智能时代传播技术的具身化，使在身心二元论认知视野下被忽视和遮蔽的身体在传播中得以凸显。赛博人的出现将“身体”观念重新引入传播学研究领域[2]。有学者提出，要肯定身体在信息流动与接收过程中的物质论地位，承认身体观念在意义生产与维系中的基础作用，以具身观念反观新传媒技术及其实践，将虚拟现实理解为具身性的传播实践[3]。因此，本文仅从技术层面为具身传播在线上知识传播中的创新发展提供一些借鉴。

（一）具身场景构建

具身性强调身体与环境的嵌入性与交互性，即心智、身体及环境三者的一体化。“新冠疫情期间，居家学习对于自控能力是一次挑战。无论是上网课还是完成作业的时候，学习者都很容易‘摸鱼’。因为在无人监督的情况下，居家的场景布局打破了从教室课桌到卧室床榻最后一公里的距离，无缝式切换的学习状态导致学习效率大打折扣。”（访谈者 3）

具身理论指出，学习情境的构建会对个体在认知过程中的身心参与意愿产生巨大影响。正如朱熹在《训学斋规》中写道：“凡读书，须整顿几案，令洁净端正，将书册齐整顿放，正身体，对书册，详缓看字，仔细分明。[4]”这是对于居家学习时建构起良好的学习环境的具体要求，同时也从侧面反映出了具身学习的根植原则，即学习不仅基于身体，也根植环境，学习过程受到情境因素的制约。因此，学习场景的构建对于提高知识接收效率有积极的作用。

在疫情等特殊时期无法开展线下活动的情况下，学习的氛围感、空间感在远程在场中的建构通过新媒体技术得以实现。例如，CoStudy 线上自习室，这款 App 通过游戏设计将现实空间里的学校场景搭建起来，2D 的画面将线下教学楼、图书馆自习室的外部和内部空间布局进行了一定程度的还原。与此同时，现实到虚拟世界的场景转换也构成了线上学习用户“本我与虚我”的镜像关系。该应用通过脱离本我身体的虚拟形象在线上场景中进行的多种活动，如加入自习室与其他社群成员共同监督学习、为好友加油鼓劲及在小卖部内购买物品等行为，形成了与现实社会交往行为的镜像映射，以此构建出虚拟与现实相结合的学习图景。

目前，越来越多的学习科学家认为，认知或学习已不局限在个体思考的范畴，而是分布式弥漫在学习者、认知发生的环境及学习者参与活动的过程中，即学习、认知与情境脉络三者构成一个完整整体[5]。因此，线上知识的传播需要重视构建适宜不同认知主体所处的具身情境。

（二）具身感官沉浸

麦克卢汉曾表示：“如果人们在场景中不能活动、不能行动，无可触摸，感觉不到抵抗或感觉不到质地，人们也还只是观察者，而不能加入其中。”“疫情期间不能开展线下学术会议对于学术交流而言是一大阻碍，解决方案则是举办线上会议。然而，学术会议的精髓在于资源的获取与思维的碰撞，隔着屏幕难以直接与对方进行深入交流，提出的问题也很难得到具体的反馈，交互体验在无法面对面接触的情况下显得更重要了。”（访谈者 4）

具身技术是离身认知环境向具身认知学习环境转变的支架和桥梁，是促进学习者进行具身学习的关键要素。在 VR、AR 等虚拟现实技术诞生之前，认知主体想要与不同物理空间内的事物产生生理上实时接触的前提条件是肉身的位移与到场。然而，技术革新使我们能够通过穿戴设备与屏幕内的事物产生互动，人类身体感官在传播中的远程在场得以实现，似现实身体在场的感知（如空间方位、距离）都将在全息互动中回归[6]。

一场线下会议的构成要素可以由场地、人员和参会流程三部分组成，但在 VR 会议中这些要素基于现实但又突破现实。2020 年 3 月 19 日，HTC 举办 VIVE 虚拟生态大会（V^2EC2020），首次以完全虚拟的全交互形式取代现实会议。会议的参与者以 VR 形象置身虚拟空间中畅聊“5G+VR”的前景，体验了一场划破时间、空间界限的互动性。

会议中，嘉宾的虚拟形象拥有丰富的肢体语言。场下的虚拟观众通过鼓掌、起立及拥抱等动作表达对演讲内容和嘉宾的肯定。这些虚拟世界中的身体行为通过人们肉身的直接参与投射出来。人们的身体在虚拟空间中的探索仍在进行，VR 技术给予了受众“第一人称”视角将受众从内容的接收者转换为拥有内容生成主导权的创作者，物理空间里的具身认知模式在虚拟世界里同样得到了体现。具身性在虚拟空间中通过认知主体调动自身的感知器官对周围环境进行探索，将自己融入逼真的 3D 场景中得到充分表现。

因此，作为肉身与意识一体的身体和作为“知觉和理解活动的主体”的身体，在虚拟空间中仍然发挥着作用。具身性因素仍会对虚拟空间内人们的认知、社交产生影响。虚拟技术突破了界面距离、空间距离对参会形式的限制，未来线上会议形态的发展在智能技术的支持下对加强受众的感官体验与知觉沉浸具有积极作用。

（三）具身形象延伸

线上知识流动中传播形象的薄弱会导致深度学习的状态很难维持。“在课堂中，老师的形象所带来的固定身份认知在线上空间被缩小了，线上的交流看似更平等。与此同时，由于摄像头中呈现的形象不够立体生动，所以在缺少凝视的情况下很容易忽视老师在教学环节中对学生的约束，这也是学生在上网课时常常走神的原因之一。”（访谈者 5）虽然在线上个人形象发挥作用的途径受限，但是虚拟空间中形象的样态及作用是多变的。不同形象的隐喻功能同样能激发认知主体具身地进行符号的编码与解码，以此来实现深入学习的目的。例如，对于老师形象所具备的知识输出、教育监管等功能的既定认知，在线上空间里通过具有相似功能的虚拟形象能够更生动地体现出来。

2020 年 10 月 24 日，网易在旗下游戏《逆水寒》中举办第二届国际分布式人工智能学术会议，此次会议采用云游戏技术开创了沉浸式会议的新风向。值得一提的是，在会议中网易伏羲实验室根据参会者的真人照片，通过 AI 智能捏脸技术制作了个人形象照，并对他们的游戏形象进行了古风装扮。除此之外，游戏中玩家的角色形象（古代文人墨客）、非玩家角色的角色功能（一键传送人物至分会场）、任务发布（游戏内放置了用于墙展的展示架，方便学者们收集具体会议信息）、工具使用（游戏中点击对话框，使用语音或文字与其他作者进行交流）则为参会者的行动提供了更多交互的可能性。虚拟体验中的具身性在有交互内核的在线游戏中，伴随认知主体及周边形象变换所带来的行为变化，使其在信息接收、转换过程中的认知同样具有高度拟真性，符合角色形象的身体系统在丰富的游戏情境中依照游戏规则对各种信息进行视、听、触觉等环节的灵活处理，激发中枢神经系统的在场，进而完成整个学习的过程。

现实形象在虚拟空间中的延伸变化与虚拟形象构成对接关系，通过具体的身体形象表达抽象的情感链接，既有的形象表征不会消失，并且借助云游戏、AI、音视频等多种媒体技术打造的形象也为线上社交新场景提供了更多可能性。

三、未来展望

媒介技术的不断发展使人类身体感官得以延伸，直至技术设备搭载在人的身体中成为接收信息的“终端”，这意味着受众的身体知觉在传播过程及效果上有着不可忽视的作用。基于此，面对线上知识符号载体的现代化，有声读物、知识类短视频的不断涌现，本文从具身认知理论出发，对线上知识的传播路径进行了场景化、感官化、形象化的策略分析，为未来构建虚实融合环境下的具身学习提供更多可能性。

参考文献

[1] 陈忞 . 具身认知视角下 A-STEM 学习空间设计 [J]. 全球教育展望，2020，49（04）：46-57.

[2] 彭兰 . 智能时代人的数字化生存——可分离的“虚拟实体”“数字化元件”与不会消失的“具身性”[J]. 新闻记者，2019（12）：4-12.

[3] 刘海龙，束开荣 . 具身性与传播研究的身体观念——知觉现象学与认知科学的视角 [J]. 兰州大学学报（社会科学版），2019，47（02）：80-89.

[4] 朱熹 . 朱子全书：第 13 册 [M]. 上海：上海古籍出版社，合肥：安徽教育出版社，2002.

[5] 陶侃 . 虚拟体验中“隐喻式学习”的解构与镜像隐喻 [J]. 现代教育技术，2010，20（03）：13-17.

[6] 同 [2].

无障碍传播视角下视障群体的微信使用行为研究

李苏泽宇（北京印刷学院）

【摘要】微信在人们日常生活中扮演的角色越来越重要，不仅成为获取信息的重要途径，也成为每一个人在工作和生活中不可或缺的工具，其中也包括视障群体。《2018 视障网民移动资讯行为洞察报告》指出，91% 的视障用户以聊天为目的使用手机，71% 的视障用户通过微信获取资讯[1]。

本文在无障碍传播理论指导下，以视障群体为研究对象，采用深度访谈法研究视障群体的微信使用行为，以期促进微信对于信息无障碍及传播无障碍功能的改进。目前，微信已经融入了包括视障群体在内的各类群体日常生活中。视障群体可以借助智能手机和读屏软件享受社会生活。但微信对于这类群体存在无障碍适配的问题，如表情包的无障碍适配不佳，支付密码输入不能读屏等，这些问题阻碍了视障用户更好地使用微信。研究发现，视障用户可以正常使用微信的基本功能，但是对于诸如表情包和微信支付等复杂功能，难以实现较好的使用体验。本文提出在改进视障群体的微信使用上的几点建议：第一，从视障群体需求来说，微信方应定期邀请视障群体参与软件内测。第二，从产品设计的角度来说，微信与手机和软件厂商应深度合作。第三，从微信内容的角度来说，应增加智能识别图片内容功能。

希望通过对视障群体微信使用行为的研究让全社会对无障碍传播事业有更多的关注，为视障群体提供更好的无障碍传播服务，让更多的视障用户享受更好的无障碍生活。

【关键词】无障碍传播；微信使用行为；视障用户

一、绪论

（一）研究背景

互联网技术、移动通信技术和内容分享平台的不断发展使越来越多的用户参与到网络社交中。2021 年 2 月，中国互联网络信息中心发布《第 47 次中国互联网发展状况统计报告》中指出，截至 2020 年 12 月，我国网民人数达到 9.89 亿，其中手机网民规模达 9.86 亿，手机上网率高达 99.7%。而报告中“中国网民对各类网络应用的使用率”一表中，即时通信占网民整体的 99.2%，用户达 9.81 亿。同时，这份报告还指出微信朋友圈在典型社交应用中占比最高，使用率达 85% [2]。腾讯旗下即时通信产品“微信”维持在该领域的优势地位。作为时下最热门的手机社交媒体，微信正在一步步地改变人们的沟通与生活方式。其中包括视听障碍者在内的残障人群，他们是中国 9.86 亿手机网民中不可忽略的一部分。《2018 视障网民移动资讯行为洞察报告》中指出，91% 的视障用户以聊天为使用手机的目的，71% 的视障用户将微信视为获取资讯的渠道。

对视障用户来说，手机媒介的使用是他们日常生活不可分割的一部分，根据腾讯《视障人士在线社交报告》，超过 90% 的视障用户认为他们的生活需要互联网 [3]。视力障碍和缺失，让新媒体特别是智能手机成为视障用户的主要沟通渠道。不仅如此，基于大数据的智能技术完全有可能对视力残障者提供更多的特殊服务，使其更好地融入社会。然而作为弱势群体，视障用户长期处于媒体关注的边缘，一直面临与正常人的无区别对待，他们在新媒体的使用和表达过程中的基本需求往往被忽视。长此以往，这种处境会形成恶性循环，对社会发展造成十分不利的影响。

（二）研究问题

本研究包括以下问题：①视障群体的微信使用能力及使用习惯。②视障群体的线上、线下与己相关的公共事务参与行为。例如，主动了解新闻消息，参加微信群中组织的线下活动或当地盲人协会组织的线下活动等。③视障群体在使用微信朋友圈、微信聊天等功能时的心理活动。④视障群体日常使用微信娱乐情况。⑤视障群体使用各种读屏软件及读屏软件与微信的适配情况。

（三）研究方法

1. 深度访谈法

访谈期间，笔者走访了中国盲文图书馆及北京市两家盲人按摩馆，同时借助网络，联系了快手、抖音两款 App 的视障用户，选择了包括歌手、按摩师、无障碍研究工程师、中国盲文图书馆管理员等各行业 20 位视障用户，和他们进行接触和交流，了解视障用户使用微信的行为，包括微信使用时间、地点和心理状况等，了解视障用户使用过程中微信无障碍适配等情况和问题，从而总结出适用于大多数视障用户微信使用的情况并提出针对性的问题分析和解决策略。

2. 研究假设

（1）视障用户使用微信行为与明眼人使用微信行为存在差异。

（2）视障用户使用微信与明眼人使用微信对日常生活的影响存在差异。

（3）视障用户使用微信存在无障碍适配问题。

（4）视障用户使用微信存在的无障碍适配问题需要全社会的共同努力。

二、视障群体微信使用现状调查

（一）“微信”的无障碍传播适配情况

1. 系统设置不体贴：视障用户体验不佳

微信种种功能没有充分考虑到视障用户的使用体验，如群聊，小程序等。这位视障用户表达了自己的观点：

登录微信的时候，以前输入手机号或者是微信账号输入密码直接就登上去了，可是现在呢，互动滑块完成拼图还不说，还得好友验证，如果说好友不方便通过短信验证发什么字母。这个吧，对明眼人来说很好操作，但是对我们盲人来说它就不好操作了，比如说发短信他得输入字母，就这个字母就麻烦。（S8，男，33岁，一级盲）

打个比方，我是群主，谁邀请谁加入群聊去确认，可是吧，我直接点点不进去，我就得把读屏关了，再点确认。如果能像收红包一样点一下就确认就好了。还有就是微信群谁退群了我这没有提示，还得翻半天才能找到。（S8，男，33岁，一级盲）

小程序在主页下拉就会出来，我经常会误操作，拉下来之后就回不去了，只能把读屏关了才行。要不就把小程序放在别的地方，每次一划就误触了。（S8，男，33岁，一级盲）

2. 功能性设计不完整：表情包等图片识别困难

微信的表情包主要有两种：一是表情商店中的表情，二是用户自主上传的表情。这两种表情包中只有发送和接收含有明显文字的表情时，才能使读屏软件正常朗读。有三位视障用户是这样说的：

我们现在聊天的内容都能非常全面地给读出来，但是后面加的句号、逗号、感叹号等标点符号不会读。有的表情包只有在没发出去前能读，发出去就不能读了。（S3，女，25岁，一级盲）

表情包有的能读，有的不能读。一般有‘早上好’‘晚安’这种有文字的才能读。（S1，女，23岁，一级盲）

我跟盲人读者沟通的时候，说要借书或者查书什么的，随时可以帮他查，这种（表情包）他们用得比较少，很少有人用表情来回复，我发现是这个问题。（S9，女，39岁，一级低视力）

3. 手机软件更新不及时：读屏软件与微信产生软件冲突

读屏软件的更新是否及时，对视障用户使用微信的体验感会产生很大影响。两位视障用户是这样说的：

前段时间微信更新了8.0版本，好多功能都改了。某读屏软件就永远是推卸责任，什么不给接口之类。退一步说，盲人软件这些研发公司永远是等的思路，就等着人家给你东西，人家凭什么给你呀。（S12，男，30岁，一级盲）

我用解说App然后微信支付页面，触摸键盘时不读数字，只能用临时键盘输入。这其实就是读屏软件和微信的冲突，但是人家还可以，给了一个临时键盘可以输入。（S20，男，19岁，一级盲）

（二）视障用户微信使用场景

1. 视障用户微信使用时间情况

视障用户微信使用时间情况，见图 1。

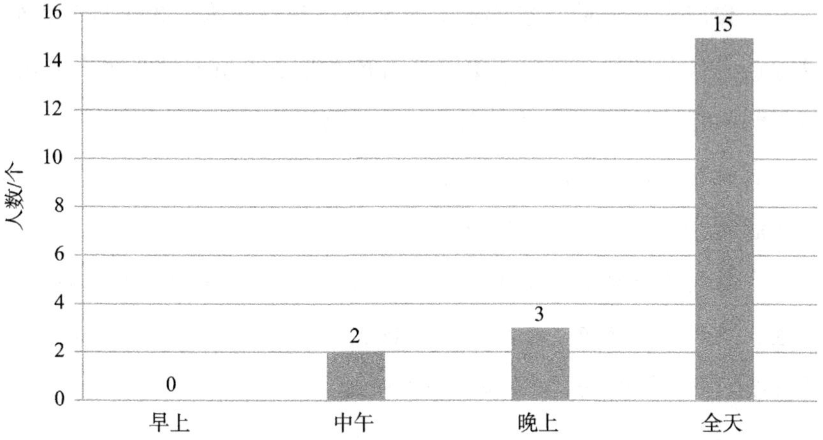

图 1　视障用户微信使用时间情况

从视障用户的微信使用时间来看，20 位受访者中有 15 位是全天使用。他们是这样形容的：

没有什么固定的时间，有消息就回。(S7，男，35 岁，一级盲)

已经离不开微信了，早上醒来第一件事就是看微信。(S8，男，33 岁，一级盲)

从其余 5 位受访者来看，所有人的微信使用都在中午和晚上，这部分用户是这样解释的：

每天工作很忙，从家去按摩店要很远。白天没有时间看手机，只能回了家再说。（S12，男，30 岁，一级盲）

早上就是忙家里的事情，只有中午和晚上可以休息一下，看一下微信。（S16，男，42 岁，一级盲）

从采访中可以看出，大部分视障用户会在一天中频繁使用微信，小部分视障用户会因工作和家庭因素而减少微信的使用频率。

2. 视障用户微信使用空间情况

视障用户微信使用空间情况，见图 2。

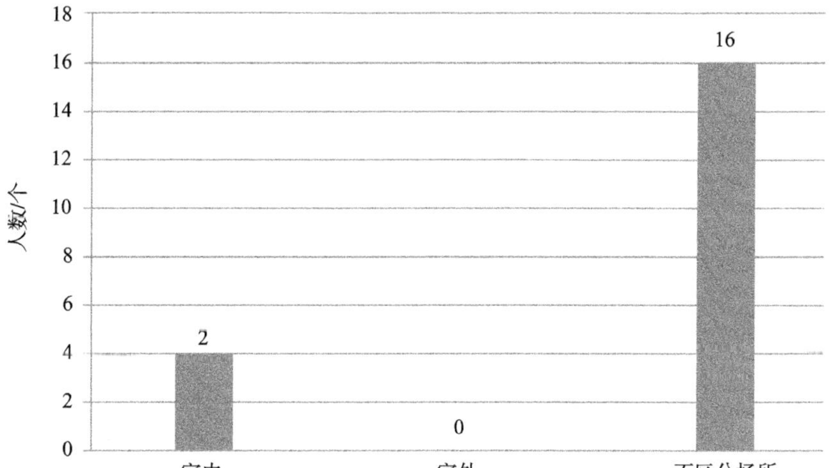

图 2　视障用户微信使用空间情况

从视障用户的微信使用空间来看，16 位视障用户会在任何方便的地方使用微信，没有视障用户只在室外使用微信。对于 4 位只在室内使用微信的受访者，不在室外使用微信的原因主要是室外环境不适合使用微信及室外社交以见面为主：

我很少出门，一般就在家里用微信，出门太不方便了。（S13，男，44岁，一级盲）

微信上就是跟朋友聊聊天，出门就用不上微信了，见面就行了。（S4，男，29岁，一级盲）

从统计数据可以看出，大部分的视障用户不会区分特定的微信使用场景，小部分视障用户会受到某些客观因素的影响。

3. 亲密关系的选择——视障用户聊天对象情况

视障用户微信聊天对象情况，见图3。

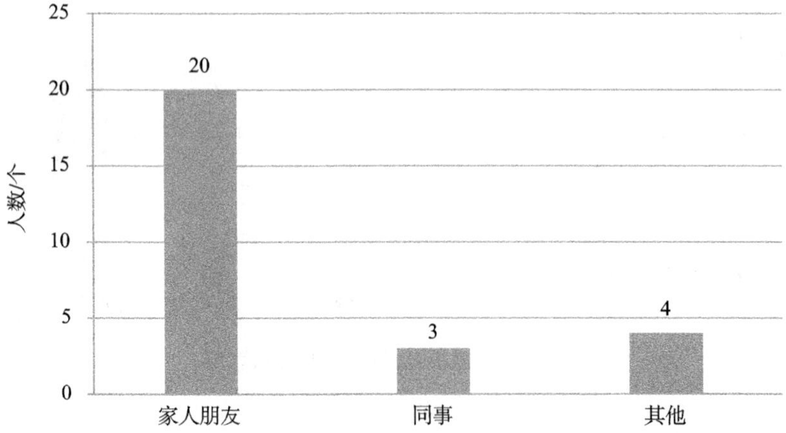

图3　视障用户微信聊天对象情况

从视障用户的聊天对象来看，20 位视障用户都会与家人和朋友进行微信互动。其中，有 3 位视障用户也会把微信作为办公软件，有 4 位受访者的聊天对象更广泛一些，包括读者、客户等：

我们盲人图书馆会接受很多盲人读者的借书申请，有些读者熟了之后就会加微信，我会直接帮他们找书。（S9，女，39 岁，一级低视力）

有一些经常来的客户，就加个微信，想按摩的时候发微信然后过来就可以。（S12，男，30 岁，一级盲）

从以上数据来看，视障用户的聊天对象一定程度上受到工作和家庭的影响。但总体而言，受工作的影响较小。

（三）视障用户微信使用对日常生活的影响

1. 视障用户微信使用与自我认同：现实身份认同与虚拟社会交往“身份缺场”的矛盾

自我认同是指个体在一定的社会环境中通过社会活动和社会交往所形成的有关自身在社会中所扮演的角色、所处的地位及存在价值的反思性理解和确认，是对“我究竟是谁”的主体性的叩问，它的核心问题是个体的价值观问题。

在虚拟社交中，视障用户对真实身份的隐匿给交往带来了更大的自由性，其在交往中能充分地发挥主观能动性。视障用户的自我认同需要通过与他人交往来建立。围绕这种虚拟的身份会形成一种人际关系网络，使视障用户自然而然地对网上的身份产生认同。采访中，15 位视障用户认为使用微信本身不会影响自我认同感，5 位视障用户认为在使用微信时会出现自我认同危机。

对于自我认同这件事，一部分受访者认为微信只是个工具，其本身不承载特殊的心理因素。另一部分受访者认为微信中的虚拟社会交往与现实身份认同会产生矛盾：

发（朋友圈）的时候比较充满期待激动。如果经常发的话，也不会感觉到有心理压力。其实，这个跟点赞和评论没有多大的关系，因为就只是分享生活，是吧？不是点赞多就感到特别高兴，点赞不多就感到特别不高兴，就是娱乐一下。（S5，男，33 岁，一级盲）

以前爱玩“附近的人”，主要也是朋友不多，想多认识人。但是网上跟现实还是不一样，网上聊得好的见了面可能不行。（S20，男，19 岁，一级盲）

之前跟人家相亲，（媒人）没说我是盲人，加了微信聊得挺好的，但是后来要见面了我就不敢，肯定是谈不成的。（S14，男，30 岁，一级盲）

从采访结果来看，大部分的视障用户不认为使用微信会影响自我认同感，但是小部分视障用户在使用微信时出现的“身份缺场”危机不容忽视。

2. 密闭空间中的情感释放——视障用户使用公众号、微信群和朋友圈情况

受访的 20 位视障用户中，浏览新闻资讯类公众号的比重不高，只有一半左右。但是这并不是因为这部分视障用户不关心时事，除个别视障用户外，大部分用户会使用新闻客户端、网页、电视甚至收音机来获取新闻资讯。

我很少用微信公众号看新闻，一般就看看本地的资讯或者汽车类的信息。我的某读屏软件里面有各大新闻网站的接口，无障碍也做得不错。微

信公众号有的地方不能读，就比如音频播放的按钮，点击也播放不了。（S12，男，30岁，一级盲）

微信公众号看得不多，大部分就是流水阅读，关注了很多号，真正看得不多。（S7，男，35岁，一级盲）

视障用户微信好友情况，见图4。

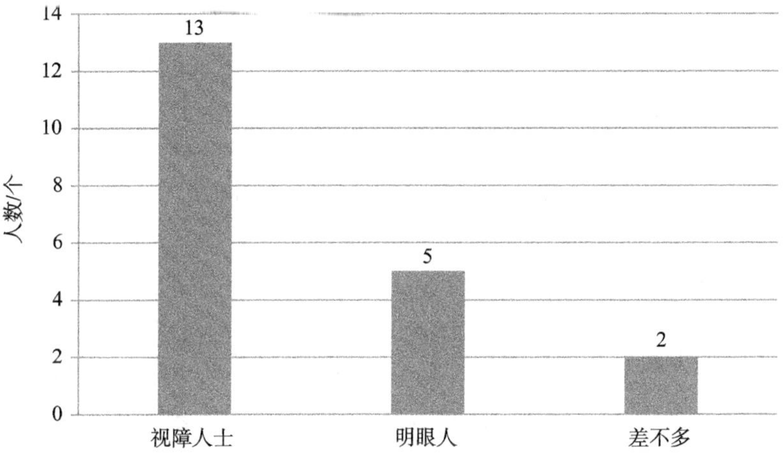

图4　视障用户微信好友情况

受访的视障用户中有13位会更倾向与身处同样境地的人相处，这部分用户主要是先天性的疾病所导致的视障，而更倾向于明眼人交往的视障用户主要是后天的意外所导致的视障。

在20位视障用户中，所有人无一例外地选择了微信私信聊天这一更为私密的人际传播方式，没有人在朋友圈这样一个相对开放的环境中沟通交流。

视障用户使用微信群情况，见图5。

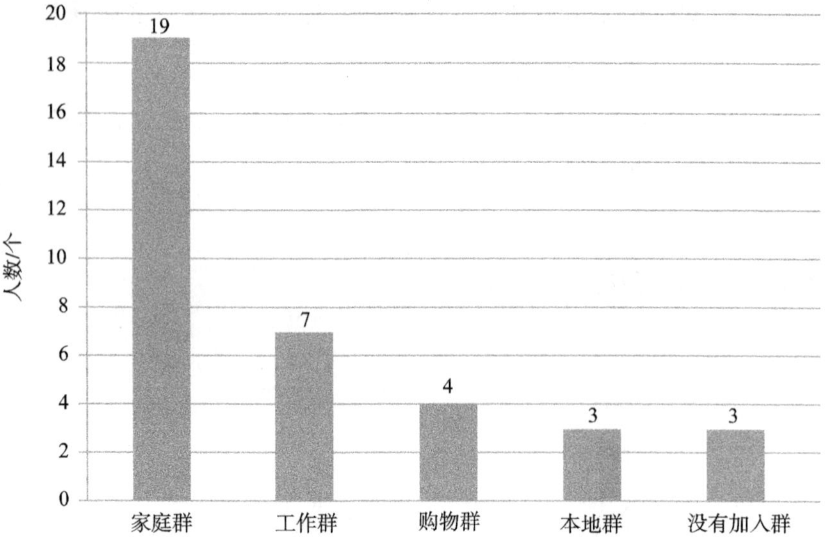

图 5　视障用户使用微信群情况

3. 声音中的娱乐——视障用户微信使用与休闲娱乐

网络中的虚拟世界是视障用户的电子乌托邦。根据《2018 年视障网民移动资讯行为洞察报告》，77% 的视障用户以听音乐作为娱乐方式，58% 的视障用户会“听”视频，28% 的视障用户会玩游戏。

与网民总体用户对比，视障用户移动上网对音乐等音频服务的需求高于普通网民，这位受访者是这样解释的：

> 我一般就用微信读书，书挺多的，用读屏软件读，自带的那个朗读不好用。我一般就听听文学，包括小说什么的。对我们（视障用户）来说，听着最方便。（S5，男，33 岁，一级盲）

直播作为时下热门的娱乐形式，也受到了视障用户的欢迎：

微信现在多了个“附近的直播”，我之前一直在快手直播，要是抽成少我就来这边。我试了下，直播间发的弹幕也能读，做得还行。（S11，男，49岁，一级盲）

我经常看直播，快手的、抖音的，现在微信的也看。我喜欢跟主播连麦，聊聊天什么的，好玩儿。（S6，女，34岁，一级盲）

三、视障用户微信无障碍传播的建议

在5G时代来临的当下，在媒体追逐发展速度、拥抱高新技术的时候，无障碍传播却鲜有得到学界和业界的关注。在上述的调研和考察过程中，无论是无障碍辅助通道的建设还是无障碍内容的供给都不能让视障群体完全满意。手机已经成为视障群体最常使用的媒介工具之一，手机网络媒介也为其日常生活和娱乐提供了一个便捷平台，但无障碍供给和需求之间的矛盾依然存在。

（一）视障群体需求：关注心理层面的“无障碍适配”

现有的微信无障碍适配情况已经能满足视障用户的基本使用需要，但是还缺少人文关怀。在做软件开发时，心理层面的“无障碍适配”往往更重要。这位无障碍适配工程师以“非歧视原则”给出了建议：

千万不要给微信开发所谓的盲人专用版本，因为这种开发以前有过，一开发出来立刻就废掉了。其实，现在的盲人不愿意用一个单独给盲人开发的软件，他会觉得这是一种隐性的歧视，他会想为什么不让我用主软件？为什么要给我用一个打了标签的软件？（S5，男，33岁，一级盲）

另外，微信也不应该随意给视障用户设置“壁垒”，视障用户希望自己能像明眼人一样被平等对待。通用设计是指对于产品的设计和环境的考虑是尽最大可能面向所有使用者的一种创造设计活动。把所有人都看成程度不同的能力障碍者，如果能被失能者使用，就更能被所有人使用。

所谓的盲人专用版，就是想当然地把视障用户用不好的功能全部删掉。你不说表情包不好用吗？那就只保留聊天功能。朋友圈也只能发文字，这样的软件肯定好用，因为这已经不是微信了。（S5，男，33岁，一级盲）

通用性设计的理念我希望你能写进去，这个是欧美发达国家都在做的事情。美团在2019年搞了一个所谓的无障碍优化版，一个月就不了了之了。像苹果的旁白，我是盲人我打开旁白就能用，你是明眼人你关了旁白也能用，这才叫通用化设计。（S7，男，35岁，一级盲）

（二）产品设计：微信与手机和软件厂商达成产品无障碍适配合作

即使微信的无障碍适配情况做得很好，软件的冲突和功能差异也往往会使视障用户使用的体验大打折扣。

我用的这款盲人专用手机，它的微信老读不出来，就在这个主界面点，本来好好的，突然会出来一个按钮，然后点着点着，就开始读我微信收藏里的文字，但实际上我在主界面呢。（S8，男，33岁，一级盲）

某App，微信里其他语言都读，如英语等，但是藏文就读不出来，我觉得这个就是加一个语言库的事。（S20，男，19岁，一级盲）

某微信公众号里面的文章就不太好，就总有那种全文都是图片的文

章，就没啥读，每次这种文章就只能读“图片”。（S12，男，30岁，一级盲）

（三）微信内容：增加智能识别图片内容功能

图片识别功能在苹果手机上已经得到了应用，在打开旁白功能后，使用相机就可以实时朗读摄像头捕捉到的真实场景。比如，如果面前有一个水杯，则会读出“一个白色的水杯”。

在微信中，如果这一功能可以识别出文字和图片内容，将会为视障用户带来便利：

> 现在微信加入了一个图片中文字提取功能，这是我们反馈了很多次的结果。这是微信8.0版本新增的，其实这个功能QQ里很早就有，明眼人用这个是为了复制图片里的文字。像我们就是提取之后，读屏软件就能读出来了，这个还是很有用的。（S5，男，33岁，一级盲）
>
> 我觉得微信应该增加一个图片识别功能，不只是文字，还要能识别出图片中的风景、人物等，这样的话给别人发或者发朋友圈就方便多了。（S10，女，32岁，一级低视力）

四、结论

（一）视障用户使用微信存在的无障碍适配问题与手机型号和读屏软件有关

根据以上的论述，笔者发现视障用户使用微信时的无障碍适配问题与读屏软件或手机的适配情况有关。微信本身的无障碍适配情况良好且反馈及时，这一问题需要通过微信与手机和软件厂商达成产品无障碍适配合作来解决。例如，读屏软件企业与微信合作，开发少数民族语言库，使视障用户可以直接使用读屏软件读取和输入少数民族语言。

（二）视障用户使用微信时倾向于一对一的交流形式

视障用户在使用微信的聊天功能时，更愿意以私聊的形式达成信息交换。朋友圈评论和点赞对于视障用户来说操作烦琐，互动即时性不高。而微信群聊，由于难以适应群内聊天节奏而无法融入其中。与之相比，一对一的交流尤其是微信语音通话更符合视障用户的聊天习惯。

（三）视障用户渴望得到社会的理解和帮助

根据本研究的采访，20 位受访的视障用户中有 11 位明确希望笔者可以帮助他们解决微信使用中的问题。以上提到的微信无障碍适配方面的问题，均由他们向我反馈得来。在采访过程中，也能感受到他们迫切想要社会关注和了解的积极性，希望本研究可以让更多人理解和帮助他们。

（四）视障用户需要心理层面的"无障碍"适配

视障用户希望有好的微信使用体验，更希望在心理层面得到尊重。"非歧视原则"应贯穿无障碍适配的始终，剔除"盲人模式""盲人专用版"等标签化的描述。不仅在软件的功能上做到无障碍适配，更要做有温度的适配，让视障用户用得舒心，用得放心。

万物互联、万物皆媒，我们来到了全媒体传播时代。让视障群体无障碍地使用各种媒介，是无障碍传播理论研究的目的所在。笔者在调研期间发现，社会中普遍存在缺乏对视障群体接纳的现象，认为视障群体天生不适合使用信息化产品。这是一个需要时间解决的问题，即使全社会形成对视障群体的关心之势。这需要政策法律的保驾护航，相关部门应该开展相应的宣传工作，相关企业应该聆听视障用户的实际需求并及时改进。对社会大众来说，以包容之心真正关心、接纳视障群体，以推进时代的共同进步与发展为基准，让无障碍传播成为公共信息领域普遍认可的标准。

参考文献

[1] 工信部 . 第 47 次《中国互联网络发展状况统计报告》[EB/OL].（2021-02-03）[2022-01-06]. http://www. cac.gov.cn/2021-02/03/c_1613923423079314.htm.

[2] 酷鹅用户研究院 .《2018 视障网民移动资讯行为洞察报告》[EB/OL].（2018-05-22）[2022-02-17]. https://www.siaa.org.cn/static/image/img_media/2018%E8%A7%86%E9%9A%9C%E7%BD%91%E6%B0%91%E7%A7%BB%E5%8A%A8%E8%B5%84%E8%AE%AF%E8%A1%8C%E4%B8%BA%E6%B4%9E%E5%AF%9F%E6%8A%A5%E5%91%8A.pdf.

[3] 腾讯 QQ.《视障人士在线社交报告》[EB/OL].（2020-12-29）[2022-01-15]. ttps://mp.weixin.qq.com/s/T3uwzqijH31LCBL7ANZSBg.